Carmen Martín Gaite
Retahílas

Carmen Martín Gaite

Retahílas

Ediciones Destino
Colección
Destinolibro
Volumen 62

© Carmen Martín Gaite
© Ediciones Destino, S.L.
Consejo de Ciento, 425. Barcelona-9
Primera edición: marzo 1974
Primera edición en Destinolibro: mayo 1979
Segunda edición en Destinolibro: agosto 1981
Depósito legal: B. 24288-1981
ISBN: 84-233-0995-9
Impreso y encuadernado por
Printer industria gráfica sa Provenza, 388 Barcelona-25
Sant Vicenç dels Horts 1981
Impreso en España - Printed in Spain

Para Marta y sus amigos (Máximo, Elisabeth, Juan Carlos, Alicia, Pablo), siempre turnándose, al quite de mis horas muertas.

De la voz "retahíla" dice el Diccionario de la Real Academia Española:

> RETAHÍLA: "Serie de muchas cosas que están, suceden o se mencionan por su orden".

Y el Diccionario crítico-etimológico de J. Corominas:

> RETAHÍLA: "Derivado de *hilo;* el primer componente es dudoso; quizás se trate de un cultismo sacado del plural *recta fila=hileras rectas.*

Yo debo añadir a tan acreditados testimonios el sentido figurado de "perorata", "monserga" o "rollo" — como ahora se suele decir — con que he oído emplear esta palabra desde niña en Salamanca.

"La elocuencia no está en el que habla, sino en el que oye; si no precede esa afición en el que oye, no hay retórica que alcance, y si precede, todo es retórica del que habla."

(Fray Martín Sarmiento: *Papeles inéditos*.)

"Chaque fois que nous sommes en détresse, c'est le langage qui nous apporte la solution nécessaire. Il n'y a pas d'autre. Lorsque son enfant est mort, la mère se lamente et le secours lui vient de là."

(Brice Parain: *Recherches sur la nature et les fonctions du langage.*)

Preludio

A pocos minutos de ocultarse el sol por detrás de la serranía azulada que flanquea la aldea de N... y cada una
de cuyas crestas tiene en la toponimia de aquel mísero
lugar un nombre de resonancias a la vez familiares y misteriosas, tres chiquillos, subidos a un montículo rocoso
que se yergue en las afueras, acababan de ver marcharse
la última rayita incandescente del sol de agosto cuando
avistaron, aún lejos, por el abrupto camino que nace a
dos leguas y media en la cabeza de partido más cercana,
un automóvil negro que les pareció de servicio público y
dejaron sus juegos para mirarlo llegar. Subía despacio por
la pendiente, envuelto en una leve polvareda blanca, y a
ratos lo perdían de vista en las revueltas del camino festoneado de oscuras arboledas, de viñas y zarzales. Relajados en esa luz nítida y ardiente todavía que la hora del
ocaso deja en verano tras de sí, se sentían ahora unidos
por este otro acontecimiento que descubrían sus ojos deseosos de avizorar novedades que llegaran de abajo, de las
villas y ciudades desconocidas para ellos. No habían cambiado una sola palabra ni quitaban la vista del camino
que, como ellos sabían de sobra, muere en la fuente de la
aldea.

Cuando, tras una desaparición más dilatada que las demás, asomó por fin el morro del coche, rebasando un puñado de casuchas más escasas y pobres que las del N...,
tan sólo ya a dos revueltas de distancia, y como si el
zumbido, ahora bien distinto, del motor fuera heraldo indiscutible del destino que el vehículo traía, la excitada

perplejidad de los niños se transformó en algarabía y actividad. Uno de ellos se descolgó de lo alto de la peña saltando, para darse más prisa, a un pino que había cerca, por cuyo tronco resbaló velozmente hasta llegar al suelo.

—¡Viene aquí! — gritó al tiempo que arrancaba a correr desalado por el monte abajo.

Y lo seguía repitiendo por la pendiente como el estribillo de un himno gozoso — "viene aquí, viene aquí" —, sentado a trechos sobre las agujas secas de pino que le servían de tobogán y escoltado con cierta desventaja por sus compañeros, que, aunque no tan expeditivos, habían imitado su ejemplo y le pedían a voces que les esperase.

A la entrada de la aldea el camino se ensombrece bajo un túnel frondoso de castaños de indias. Allí se detuvo el coche, que era un viejo modelo de Renault adaptado, efectivamente, a servicio público y con matrícula de la no muy distante capital de provincia, y el conductor, volviéndose hacia el asiento de atrás, cambió unas palabras con el viajero que traía. Como respuesta a ellas, éste asomó el rostro por la ventanilla, que venía abierta, y llamó con un gesto al primero de los chiquillos, que, recién alcanzada de un salto la cuneta, se había detenido allí agitado y sudoroso a tiempo de presenciar la llegada del taxi. Se miraron de plano y el niño calculó que el viajero podría tener poco más de veinte años. Desde luego nunca se le había visto por allí, eso seguro, ni por las fiestas, y se le notaba, aunque venía en mangas de camisa, un aspecto muy fino. Tenía los ojos como de perro lobo y el pelo liso, muy negro, un poco crecido. En aquel momento se estaba apartando un mechón de la frente con la misma mano larga y delgada que se pasó luego por el cuello y se metió por entre la camisa desabrochada con un gesto de agobio.

—¡Ven! ¡Te digo a ti! —llamó, en vista de que el chico no atendía a sus señas ni se movía—. Acércate un poco, hombre, haz el favor, que no me como a nadie.

El niño miró, como si les pidiera consejo en aquel trance insólito, hacia sus amigos que acababan de saltar también ellos al camino desde el desnivel del monte, y tras una breve vacilación se decidió finalmente a acercarse, aunque sin despegar los labios todavía.

—¿Sabrías tú decirme, chaval, la casa de Louredo por dónde cae?

El chico le miraba con pasmo, como si temiera no haber entendido la pregunta.

—¿Louredo? ¿El pazo? —preguntó a su vez.

—Sí. Es una casa grande con parque. ¿La conoces?

—Sí, señor, claro.

—¿Y está lejos de aquí?

El chico hundió los ojos en el túnel espeso, recto y largo que formaban sobre el camino los castaños de indias y señaló hacia el fondo, a un supuesto final que quedaba ofuscado por la penumbra sin que la vista pudiera divisarlo.

—Hay que llegar a la fuente —dijo.

—¿Y la fuente está lejos?

El chico se encogió de hombros como ante una dificultad inesperada.

—La carrera de un perro —resumió al fin.

El viajero se echó a reír. Tenía una risa joven y muy simpática que le convertía, de repente, en un conocido.

—¿Y tiene que ser de este pueblo el perro? —preguntó al tiempo que, riéndose, abría la portezuela del coche.

Se quedó esperando y el chico no entendía.

—Venga, hombre — aclaró —. Tú mismo nos vas a servir de perro, ¿quieres? Anda, sube.

El niño, que había perdido ya la timidez, no se hizo repetir aquella invitación tan clara y, una vez instalado en el asiento trasero, aunque sin atreverse a hundirse mucho, sacó la mano por la ventanilla, ya cuando el coche arrancaba, para decir adiós a sus amigos, que le vieron alejarse con envidia y admiración.

El túnel de castaños tiene cerca de dos kilómetros en línea recta y a ambos lados de él se desparraman en grupos y niveles asimétricos y separadas unas de otras por cercas, arboledas, huertos y pastizales, las casas de la aldea; pero como son pocas las que abren sus puertas a ras del camino y la espesura de los árboles dificulta al viajero que va en coche cerrado una composición de lugar amplia, resultó que cuando el chico dijo: "Aquí ya hay que pararse", el forastero, que había hecho además el trayecto con los ojos fijos en el cogote del chófer y sumido de improviso en un silencio que le hacía parecer ausente y preocupado, no sabía si habían atravesado ya el pueblo o no y se lo preguntó al niño como si saliera de un sueño. El niño le contestó que sí y que allí mismo era la fuente y que no podían pasar más allá, que ya sólo había cañadas para carros y bestias. Y que además allí, a mano derecha, tenía la verja de la casa por la que preguntaba.

—Esa grande que tiene como unas piñas de hierro, ¿no la ve?

Y entonces el señorito, porque ya no cabía duda de que era un señorito, aunque tampoco los pantalones ni el calzado fueran de domingo, pagó al chófer y, cogiendo un maletín pequeño que traía, se bajó detrás del niño.

Ya había atardecido completamente. Un resplandor rojizo daba cierto tinte irreal, de cuadro decimonónico, a aquel paraje. En el pilón cuadrado de la fuente, que era sólida, elegante y de proporciones armoniosas, estaban bebiendo unas vacas, mientras la mujer que parecía a su cuidado permanecía al pie con un cántaro de metal sobre la cabeza erguida y quieta. Solamente se oía el hilo del agua cayendo al pilón y un lejano croar de ranas. Blanqueaba la fuente con su respaldo labrado en piedra, ancho y firme, como un dique contra el que vinieran a estrellarse, con los estertores de la tarde, los afanes de seguir andando y de encontrar algo más lejos. Se diría, en efecto, que en aquella pared se remataba cualquier viaje posible; era el límite, el final.

El joven se acercó pausadamente, seguido por el niño y escrutado por la mujer que se mantenía absolutamente inmóvil, como una figura tallada en la misma piedra de la fuente y puesta allí para su adorno. Encima del canal por donde caía el reguerillo de agua había una gran placa de bronce fija a la piedra.

—Sácate de ahí — susurró la mujer con voz monótona a la vaca que estaba bebiendo del pilón cuando vio que el viajero se acercaba.

Aquellas palabras fueron acompañadas de un empujón a las ancas del animal, que levantó unos ojos húmedos e inexpresivos hacia el viajero, mientras le cedía lugar. Él dio las gracias a la mujer, ya casi rozando su vestido, sin recibir a cambio ni el más leve pestañeo, y luego se inclinó, en efecto, a beber largamente un agua fría y clara con ligero sabor a hierro. Después, mientras se secaba los labios con el dorso de la mano, alzó los ojos a la placa. Aprovechando el último resplandor de aquel día de ágosto, alcanzó todavía a leer pálidamente su inscripción en letras doradas: "A D. Ramón Sotero, la sociedad de agricultores de N... como gratitud. Año de 1898".

—Ése era el que mandó hacer la fuente — explicó el niño —; un señor antiguo de esa casa — añadió mientras caminaba detrás del joven y le señalaba la alta verja que él ya había alcanzado y cuyos adornos estaba contemplando con curiosidad —. Era marido de la señora vieja que han traído ayer en la ambulancia, una muy vieja. Cien años, dice mi padre.

El forastero, apartando los ojos de aquel laberinto de herrajes con que venía a rematarse un larguísimo muro de piedra paralelo al camino, miró al chico con súbito interés.

—¿Sabes tú a qué hora llegaron?

—Sé, sí señor, que vi venir la ambulancia. Estábamos nosotros donde hoy. Estas horas serían, por ahí, un poco antes si cuadra.

—Ya. ¿Y la señora?

—La vieja se morirá esta madrugada. La más joven dicen que ha reñido con el cura. Que no quiere curas ni visitas; a usted no sé si le dejará entrar. Sólo deja a la Juana. Ahora debe andar por ahí de paseo no la asusta el monte. Mi padre la ha visto antes por allá arriba; ¿ve aquellas peñas últimas encima de los pinos?, pues por allí, donde el Tangaraño.

Señalaba a una montaña que no se podía precisar si estaba muy lejana o muy cercana y el viajero, al descubrirla de pronto, fosca y rodeada de resplandores violeta, se estremeció. Daba miedo. Pero trató de sonreír.

—Vaya, hombre, ¿y cómo sabes tú tan seguro cuándo va a morirse la vieja?

—Ya ha llegado aquí, pues a qué va a esperar. Es a lo que viene. Le tocaba anoche, pero dice mi padre que habrá querido despedirse mejor, conque hoy. Los viejos se mueren siempre contra el día.

Hubo un silencio. El viajero alargó una moneda al chico y luego hizo ademán de empujar la verja.

—Ya te buscaré otro día, si vuelvo, para que me sirvas de perro — le dijo.

—¿Y cómo va a preguntar por mí? No sabe cómo me llamo — repuso el chico sin dejar de mirar la moneda.

—Es verdad, hombre, qué fallo. Dímelo.

—Odilo. ¿Se acordará? No entro con usted porque se enfadan. La Juana también. Yo digo que con usted no se enfadarán.

El viajero sonrió y le tendió la mano.

—Eso espero. Malo ha de ser.

El niño no sabía dar la mano, no la apretaba. Se sostuvieron la mirada unos instantes.

—Adiós, Odilo. Yo me llamo Germán.

La verja era pesada de empujar y chirriaba. La cerró detrás de sí y, seguido por la mirada melancólica del chico, que se había quedado con la frente pegada a unos hierros en forma de pámpano, se alejó a paso vivo hasta ser un punto imperceptible por el largo sendero de arena, ya muy ensombrecido, que, entre árboles antiguos, conduce a la vieja casa de Louredo.

17

E. Uno

—... La ruina, lo que se dice la ruina, nunca se sabe propiamente cuando empieza. Para llegar una casa a este estado que ves, cuántas veces a lo largo de los años se habrá dicho que iba estando vieja, cuántos crujidos en las tejas y qué lenta invasión de humedad y de grietas. Miles de grietas fraguándose por todas partes, tejiendo su red desde antes de nacer ni tu padre ni yo, y en plena infancia luego, extendiéndose como un toldo invisible sobre toda nuestra infancia, cuando aún no las veíamos ni nos podían importar — que no las veíamos por eso, claro, porque no nos importaban —, cuando seguramente no éramos capaces de entender, aunque alguna vez nos la hubiéramos topado escrita en uno de esos libros que ves por el suelo, el significado de la palabra ruina. Esos tomos grandes, sí, solíamos sobre todo leer; yo me iba derecha a la librería en cuanto llegábamos por el verano; déjalo ahora, me angustia un poco, luego si quieres los vemos; son colecciones de la *Ilustración,* una revista de finales de siglo; los saqué después de un delirio largo que tuvo ella anoche, donde salían Maceo y Martínez Campos mezclados con historias más antiguas, que a saber desde cuándo tendría arrinconadas, de sus catorce años, puede que de antes. Sacó a relucir el entierro de un abuelo militar, todos los concurrentes de uniforme de gala, y ella, en brazos de alguien, asomada a un balcón, besó un ramo de flores antes de echárselo al féretro; sabe Dios adónde lo tiraba anoche ni desde dónde, pero debía estar viendo la escena con todos los detalles porque he leído en algún sitio que la muerte, al acercarse, hurga de preferencia en los recuerdos más rezagados y distantes y que los aglutina con una claridad indescriptible, y tan indescriptible, ya ves tú, quién va a ser capaz de describir esas imágenes, ni el propio moribundo, cuanto más los estudiosos. ¡Qué empeño en desbrozar al mundo de su magia y de su sinrazón, de disecarlo todo!, y yo cuánto he pecado por ese registro. En París, por ejemplo, hace años, recién casada con Andrés, mucha saliva gastábamos, me acuerdo, acarreando razones y defensas contra lo irrazonable, pero yo todavía más que él, mucho más, discusiones de horas con un grupo de amigos, en casa de aquel Luc que qué habrá sido de él, siempre venía el discurso a parar en lo mismo; cuántos libros, proyectos, cursillos, conferencias, palabras y palabras para erigir un dique contra lo misterioso y en general qué claro lo veíamos todo: halagüeños auspicios y vientos favorables para aquel barco en que viajábamos a la aventura de extirpar por doquier todo lo incomprensible, pues menuda aventura, no veas, pobre barco, que no ha hecho agua ni nada desde entonces acá por cientos de agujeros, y tan invulnerabe como nos parecía. Y es que no puede ser, cierto tipo de arcanos no aguantan un criterio de sumas y de restas: o has conocido el miedo por las noches y crees en Caronte y en el dios Osiris o, si no, mejor es callarse Y ante ese desquiciarse de una mente a punto de cerrar sus inventarios, ante esa anacronía y barahúnda de imágenes postreras, la única actitud digna es dejarse encoger por el terror que a mí me invadía anoche. Ella nació el setenta y cinco, el mismo día que entró en Madrid a reinar Alfonso XII, es capricornio, no sé de qué año sería la muerte de ese abuelo; me decía de vez en cuando: "¿estás ahí?, no te vayas, ¿estás, verdad?", y alargaba la mano, no me la alargaba a mí, ya lo sé, la agitaba en el vacío, tal vez como homenaje póstumo a su abuelo desde el balcón que rememoraba, pero lo cierto es que solamente al toparse con mis dedos se le rehacían los relatos que empezaban a desbaratarse y la voz se le tranquilizaba; luego ya se durmió y yo no me podía sosegar hasta que saqué esos libros y me puse a mirar las estampas pasando por alto los folletines que tanto me hicieron latir el corazón de pequeña y entresacando en cambio las noticias que entonces despreciaba; la política, qué poco importa cuando eres niño, ni la historia, no entiendes lo que es, sólo gustan los santos, gente a caballo, barcos, señores de levita, mirar los santos, eso sí, eso fascina, esas viñetas de entremedias se me quedaron encoladas para siempre a las paredes del desván que tenemos detrás de la retina, y con qué solidez, anoche me di cuenta según reaparecían; eran como compases en el afán con que iba yo tratando de poner algo en orden, para aplacar mi insomnio, las fechas de la historia de finales de siglo, mientras situaba entre ellas otra pieza minúscula, la historia de esta casa, colocándolo todo con esmero, como cuando se vuelven a arreglar los papeles de un cajón donde alguien ha metido la mano a la desesperada; y me dieron las seis de la mañana a vueltas con inventos, empeños y episodios de ese tiempo que sentía a punto de precipitarse hacia una vertiente inútil: acalorados debates en el Parlamento, inauguraciones de ferrocarril, inventores, pintores y poetas mirando hacia el futuro, el desastre de Cuba, el final de la tercera guerra carlista y los arcos engalanados que pusieron en la calle de Alcalá para recibir al rey, vistas de Santander, actrices y gitanos, soldados y bandidos, la mujer barbuda, Castelar, sueltos por el cuarto como una bandada de pájaros vivos, y yo con la tarea de verlos volar y recogerlos y de que ninguno se escapase, una tarea que sólo tenía sentido porque de vez en cuando me asomaba ahí a la alcoba y Juana me hacía señas de que no con la cabeza, igual que ahora hace un rato, ya lo has visto, señas de que todo sigue igual, de que respira todavía; aunque en este momento no podría decir si son esas historias las que se nutren del hilo suyo de respiración o sucede al revés, que mientras las atice y atienda alguien aquí a cincuenta pasos de su cama es ella quien no tiene más remedio que seguir respirando. Con las cartas y los retratos del baúl que trajimos ayer en la ambulancia pasa lo mismo, son su memoria, su referencia a la vida; no hubo manera de dejarlo en Madrid y no sabes qué viaje, a cada momento sobresaltada que dónde tenía el baúl, empeñada en que lo había perdido, queriéndolo tocar, y aquí al llegar, igual; fue un triunfo acostarla en esa cama tan alta sin meterle el baúl dentro con ella, como pedía, una lucha horrorosa, ella que sí y que sí y nosotras que no, porque es que no se puede, porque habría cogido media cama. Pues bueno, a pesar de la incomodidad de tenerle que estar subiendo y enseñando a cada rato ese armatoste, que no sabes tú lo que pesa, más que un matrimonio mal llevado, peor es lo que ha pasado hoy desde media tarde, algo atroz, que no ha vuelto a preguntar por él; te digo de verdad que cuando se lo nombré por última vez y no reaccionó, cuando se lo acercamos entre las dos y en vez de besarlo y acariciarlo dijo: "quita", y lo apartó con la mano, pensé: "aparta su propia memoria", fue la muerte, palabra, me dije eso: "la muerte, ahora sí que está aquí, esto es llegar la muerte", porque es que la sentí planeando lo mis-

mo que un buitre. Yo ya sabía que la abuela se moría, cómo no lo iba a saber, pero qué diferencia oír el aleteo de la muerte misma, la diferencia entre pensar las cosas y sentirlas, que se te presenten, ¡ras!, sin aviso, aquí estoy, rasgando esa niebla con que las mantenías a distancia, aisladas en la mente. "Se muere — le dije a Juana —, se muere dentro de un rato, no lo quiero ver", y me entró una angustia que no paraba aquí, tuve que echarme al monte en plena tarde, a las seis, con un calor de prueba, y venga a trepar, ciega, sin saber dónde iba, como en las escapadas infantiles que lo único que sabes es que no quieres volver, tan fuerte era el arrebato que me he perdido, y el miedo que he pasado después de puesto el sol para qué te lo cuento, he tenido un encuentro pavoroso, así venía de desencajada que a ti es que ni te he visto al entrar, te lo juro, veía sólo a la Muerte, a la Muerte en persona, porque me la he encontrado, ahora ya te lo digo, al llegar no podía, te pido que me creas, no me mires así, me he encontrado a la Muerte arriba en esos riscos, al caer ya la noche, montada en su caballo, sí, Germán, a la Muerte, no podía ser otro personaje, te lo voy a contar.
Iba trepando yo, ciega como te digo, orientada tan sólo por el deseo pánico de largarme de aquí, de no estar en la casa cuando llegara a ella la Muerte a visitarla. También murió mi madre en ese mismo cuarto hace ya muchos años; estaba yo en Grenoble, en una residencia de estudiantes, recibí el telegrama y allí petrificada, sin poder ni llorar, lo que pensé primero fue que por qué puerta de las tres que hay aquí habría entrado la Muerte, de qué monte bajado y por qué vericuetos, y me imaginé precisamente las malezas del Tangaraño, antes según lo escalaba me iba acordando de eso y de que mamá se figu-

raba siempre a la Muerte con mayúsculas como un personaje literario; decía que a la casa donde hay un moribundo llega en cierto momento el día de su muerte un personaje oscuro en quien nadie repara, alguien que vende algo, que pregunta unas señas, que ha perdido el camino o pide pan, y que después de irse el buhonero ése, caminante o mendigo o lo que sea, el corazón del enfermo ya tiene los latidos contados; y así iba pensando en mamá mientras trepaba, en que no he dejado nunca de creer un poco en estos cuentos suyos, tratando de revivir la expresión convencida y seria que ponía cuando nos los contaba, y eso me llevaba a caer de nuevo en la obsesión inicial de mi paseo, o sea a recordar el baúl, porque seguramente entre tantas imágenes y papeles inservibles guardará alguna foto antigua de mamá y pensaba buscarla cuando bajara a casa, pero al mismo tiempo pensaba también que ahora todavía hay alguien a quien le importa ver esa foto y conservarla, alguien capaz de reconocer una determinada figura, aunque esté borrosa o en un grupo de gente que no se sabe quién es, yo a mamá la conozco entre miles, también si aparece de joven o de pequeña, tantas veces me ha enseñado fotos de distintas épocas de su vida, pero pensaba, claro, que cuando yo me muera, si algún sobrino mío hereda ese baúl no sabrá distinguir el rostro de su abuela, se fijará a lo sumo en los volantes del traje, en los rizos del peinado, como si viera esa imagen en una enciclopedia de la moda, y pensé en Marga y en ti, como es natural, mis sobrinos carnales preferidos, serían las ocho o por ahí, bien lejos estaba yo de pensar que venías de camino, pensé "qué pena que los niños de Germán no conocieran a mamá, qué falta les habría hecho ella cuando se quedaron huérfanos", me di cuenta de que mamá

habría sido una abuela muy simpática, pero además yo
es que en eso he cambiado mucho, me he pasado años
echando pestes contra la familia, pero desde hace poco le
veo su sentido, además, sean como sean, te crees que los
has borrado de un plumazo y te siguen influyendo lo mismo, yo con la abuela me llevo mal y a veces es insoportable, pero aquí estoy y me alegro de haberla conocido,
en el fondo al que no ha conocido a sus abuelos yo creo
que le falta algo. Pero con esto de pensar en el baúl se
me amargaba el paseo, era como caer en un remolino fatal, en la amenaza de esa herencia irremediable y abruma-
dora, de la cual no me podía escapar por muy de prisa
que trepara, porque una cosa es subir un monte sudando
y otra muy distinta que se desintegre el contenido de un
baúl; los cambios de lugar nunca han servido para descartar las ideas fijas, y así me pasaba a mí esta tarde, que
a cada paso que daba monte arriba más sentía la agonía
de la abuela como un tropezadero en mi respiración, más
actualizaba su tránsito — "ahora, seguro, ahora" —, y a
fuerza de sentir que aquel aire a ella ya no le entraba en
los pulmones y de apretar el paso, jadeaba ya más que
respirar, hasta que a cierta altura vi que estaba extenua-
da, que casi me caía y me senté sudando en una piedra.
Fue cuando me fijé por fin en lo que me rodeaba como
buscando sosiego en la contemplación del paisaje; el sol
ya se había puesto y reparé con susto en que no conocía
aquel lugar por más que lo mirase. Perderme yo en el
monte ése de atrás, por maleza que tenga, por leyendas
que le echen al santuario en ruinas de la cumbre y por
años que lleve sin venir a pisarlo es algo inconcebible,
completamente absurdo; lo he añorado mil veces, lo he
querido olvidar, lo he suplido con otros mucho más gran-

diosos y nombrados, altas cimas a las que se sube en fu-
nicular, todo en vano: se superpone inesperadamente a
los demás paisajes, aparece en mis sueños, decora mis lecturas, me lo sé palmo a palmo, de la infancia es inútil
renegar, es mi tierra, Germán, mi verdadera patria, tal
vez sólo mamá llegó a sentirlo suyo como lo siento yo,
igual de montaraces hemos sido las dos, cabras del Tangaraño y de sus riscos. Me acuerdo que en la guerra fui
con ella a escondidas varias tardes a llevarles comida a
unos rojos del pueblo que andaban escondidos por política, los maquis los llamaban, y yo no lo entendía porque
eran el Basilio y el Gaspar, amigos de la infancia de mi
madre; se los encontró un día ella por lo intrincado estando de paseo, ya cerca de las ruinas, salieron de repente, se hincaron de rodillas: "Ay, Teresa, por Dios, no
digas nada a nadie de que estamos aquí, pero sube otro
día y tráenos de comer, nos morimos de hambre", y a
nadie se lo dijo, sólo a mí, ni la familia de ellos ni nadie
lo sabía en qué lugar paraban, pero a mí me lo dijo, me
dijo "es un secreto" y sabía seguro que yo se lo guardaba.
"A la niña la traigo para no venir sola, pero ella es como
yo", les explicó la primera tarde que fuimos, y a mí me
había ido advirtiendo por el monte arriba que tenían barba de mucho tiempo y la ropa muy rota y que por eso les
llevábamos unas mudas además de comida, que vivían en
el hueco de una peña como bichos y que casi no los iba
a conocer, que no tuviera miedo, pero sí, miedo iba a tener yo, una novela es lo que me parecía tener aquel secreto a medias con mamá y escaparnos las dos al monte
en plena tarde y coger cosas de la despensa a espaldas
de la abuela; llegábamos arriba con nuestros paquetes,
merendábamos con los hombres aquellos del monte, nos

preguntaban un poco por mi padre y el tuyo que estaban en Barcelona, o creíamos eso por lo menos: "¿sabes algo del marido y del niño?", y no, no sabíamos nada, pero me parece que lo preguntaban un poco por cumplir, que mi padre aquí en este pueblo nunca fue simpático a nadie, le llamaban el profesor; suspiraban: "es que esto es una catástrofe, Teresa, una catástrofe", y ella les daba noticias que yo no entendía de la marcha de la guerra, incluso alguna vez les subió periódicos, y cuando nos íbamos nos besaban mucho y solían llorar; ni siquiera en el cine había visto llorar yo a hombres así con barba tan hechos y derechos y soñaba con ellos, inventaba oraciones en la cama para que se salvaran, uno no se salvó, le pillaron de noche aquel invierno unos guardias civiles merodeando el pueblo y se murió del tiro, ahí bajando a la fuente; el Gaspar escapó, a Francia me parece, y pasada la guerra su mujer nos mandaba aguardiente de yerbas por la Virgen de Agosto; la primera borrachera que me cogí en mi vida fue con ese aguardiente la noche de Santiago en una fiesta que hubo aquí en casa, fue también la primera vez que me besó un chico, el Genín, un sobrino del maestro, abajo en el parque, luego me daba siempre mucha vergüenza verle y el sabor del aguardiente de yerbas lo aborrecí para toda la vida. Ya ves cuántos recuerdos me trae a mí ese monte; antes, sentada arriba, tiré de todos éstos y más, de muchos más, los convoqué a propósito y me agarraba a ellos igual que a un clavo ardiendo por ver si conjuraban mi extrañeza y si eran capaces de hacer volver la tierra a su ser familiar, de desencantar el paisaje y mostrármelo en su fisonomía verdadera, pero nada, era desesperante, cuanto más miraba aquel lugar, menos lo conocía, no lo había visto nunca, y a todo esto la tarde cayendo, invadiendo el ambiente con una luz apagada entre gris y cárdena y yo ya sin poderme ni mover de miedo, porque era miedo, sí. Soy yo poco miedosa y además me he sentido perdida muchas veces, como comprenderás, pero bueno, en las calles de alguna ciudad nueva, al despertar de pronto mirando las paredes de un hotel que nada te consiguen evocar o a lo largo de fiestas de esas desenfrenadas que te arrastran girando por locales absurdos, por casas de gente rara a la que nunca vas a volver a ver, eso es normal, pero perderme ahí, en pleno Tangaraño, lo miraba y pensaba: "¿pero también aquí?, ¿pero será posible que hasta por lo más firme el suelo pueda hundirse debajo de los pies?, pues qué nos queda entonces, apaga y vámonos", y estaba en esto cuando oigo de repente en medio del silencio un crujido especial, inconfundible, los cascos de un caballo, pero muy cerca, al lado, no de eso que se viene un caballo acercando de lejos poco a poco, no, que ya estaba allí, y salió por la izquierda de entre unos matorrales, me pasó por delante de los ojos atónitos como a cámara lenta: era un caballo negro, de tamaño muy grande, y encima iba un jinete con un sombrero raro y unas ropas oscuras, dormido o desmayado, no lo sé, pero boca abajo y los brazos así colgando inertes a los dos lados de la crin; la cara no se le veía, se la tapaba el ala del sombrero que era muy grande, negro, parecía medieval, el sombrero era lo peor, y el caballo iba despacio como con miedo de que el hombre se le cayera, digo yo que sería un hombre, por lo menos no iba montado a mujeriegas, no sé qué tenía, pero era una figura terrible, te lo estoy contando y, míralo, se me pone la carne de gallina, ¿no ves?; pasó a una distancia como de aquí al piano, te lo juro, lo vi perfectamente, pero lo dejé de ver en seguida, demasiado en seguida, se perdió monte abajo y cuando me quise dar cuenta se acabó, se le había dejado de oír, no sé el tiempo que pasaría hasta que fui capaz de levantarme a ver si había soñado, a mí me parece que fue poco, pues ya nada, ni rastros de su presencia, me subí en unas rocas que había cerca para otear mejor y ni se le veía ni se le oía, silencio sepulcral, la noche encima, el olor de los pinos, las estrellas que empezaban a hacer guiños y la luna subiendo como un globo naranja, el único ruido el de los grillos, nada más, del caballo ni sombra ni rumor; menos mal que pisando aquel grupo de peñas me di cuenta de que era el promontorio que una tarde tu padre bautizó "de los locos" y que se ve desde la balconada trasera de esta casa, o sea que, por lo menos, me había orientado, dominaba de pronto perfiles conocidos, veía muy abajo las luces de la aldea temblonas y dispersas y el tejado de aquí, así que me escurrí sin pérdida de tiempo a buscar el atajo que trae aquí directo, me he lanzado por él ya de noche cerrada, sin mirar a los lados y más muerta que viva, a la carrera, tenía que ganarle minutos y terreno a la Muerte a caballo que tal vez me venía pisando los talones; dirás que no lo era, que sería algún hombre dormido o un borracho, podría serlo, de acuerdo, la razón sale siempre al quite en trances como éste para paliar su cara espeluznante, yo misma me he venido inyectando razón según saltaba piedras y zarzales, pero, Germán, ¿de dónde venía ese jinete, a ver, y adónde iba?, si no es paso de caballos ese monte ni lo puede ser nunca, si es tanta la pendiente que casi te despeñas incluso yendo a pie, y cómo luego desapareció, cómo pudo esfumarse, y me dirás también que fue alucinación y que he visto visiones, no te digo que no, podría haberlas visto, y además, mira, vamos a dejarlo, ya prefiero admitir yo también que las vi y no darle más vueltas; sólo sé que la culpa la ha tenido el baúl, el hecho de que ella no haya vuelto a pedirlo desde hoy por la mañana ni le digan ya nada esas reliquias, que eso sólo ya basta para trastornar un panorama y alucinar mi mente, predispuesta, por cierto, a ver visiones, insomne y excitada como está.

Porque es que fíjate lo que supone que el baúl no lo quiera ya la abuela, que no lo sienta suyo, significa que me lo da, que lo tengo que sentir mío yo, porque de tu padre no voy a esperar que se interese por semejante herencia, date cuenta qué peso sentir mío, como casi lo siento, un tesoro hecho cenizas, un cofre de muertos; será cerrar los ojos ella y esos niños vestidos de marinero hijos de parentela perdida o de amistades contraídas en algún balneario, esos matrimonios desconocidos, esas jóvenes rígidas de pie con su sombrilla o mirando a lo lejos con los prismáticos una parada militar, y tantos documentos amarrados con cintas que han venido perdiendo poco a poco el color, dime tú a quién le valdrá para nada, ni quién va a descifrar lo que venían siendo para ella hasta hoy por la mañana cuando los requería con urgencia, aunque nada serían ya tampoco, a no ser el terror de perderse por dejar de tenerlos. No lo puedo tirar, me siento condenada a ir envejeciendo con ese espía desconcertante al flanco, porque es que enterrarlo con ella no puedo, compréndelo, guarda vida, aunque sea para nadie, me parecería estar enterrando a un ser a quien no se han cerrado los ojos, que al echarle la tierra encima aún te mirara.

Los libros es distinto, eran de todos, todos los hemos leído, y el día que se levante esta casa y me los lleve, que me los llevaré si Germán no los quiere, podré mirarlos alguna vez, releerlos, puede ser agradable algún día de invierno. O por lo menos, cuando los embale y luego los desempaquete allí en mi casa y los coloque junto a esos otros que han ido jalonando mis estudios adultos, me dará la impresión de estar llevando a cabo un traslado que tiene algún sentido, aunque luego se queden en el mismo estante para siempre allí encajados, también cabe, no te digo que no, puras manchas estáticas, todo lo más estímulo visual para que a algún amigo acurrucado sobre la cama turca le quepa preguntar alguna noche: "oye tú ¿y esos tomos tan viejos de ahí arriba?"; son tantas las preguntas de este tipo nacidas al calor de esas percepciones intensas y fugaces que eslabonan la llegada de una borrachera, disparos a la herida de otro sin saberlo, preguntas que da igual no contestarlas, que se quedan flotando con el humo y la música, aisladas, sin designio; y mientras la atención del que la ha formulado se desvía y se agrupa en torno de otra imagen, yo miraré de nuevo las manchas oscuras de los libros, allí arriba, en el ángulo, supongo que en el estante vacío donde sólo quedan unas revistas alemanas que no se llevó Andrés y que voy a tirar, ése será su sitio porque no tengo otro, y bien sea tratando de exteriorizarlo, bien guardando silencio, me volverá a asaltar mi deuda con el tiempo, la que me ha traído aquí, y hasta tal vez decida en el mismo momento pedir auxilio a esos libros cerrados, abrirlos, removerlos, y los quiera bajar, sacarlos de sus nichos. Acaso note, como noté anoche, con la agudeza de un zarpazo, la urgencia por buscar una historia de amor determinada que he recordado siempre, ocurría en Sicilia; era un tomo pequeño y roto, sin grabados, a veces en mis sueños este libro se convierte en una puerta de hierro que da a un jardín, lo tengo muchas veces el mismo sueño, sale como puerta, pero yo sé que es el libro aquél, intento empujarla y no puedo, desde fuera entreveo los juegos de la sombra con el sol y desde el recinto que no logro alcanzar vienen voces que me llaman por el nombre de la protagonista, Adriana, Adriana, y añaden recados confusos y muy importantes que me desespera no ser capaz de descifrar; y anoche no encontré en seguida el libro y, mira, dejé de buscarlo, prefiero casi que se haya perdido, total ya para qué. Y por eso te digo que sé de sobra en qué vendrá a parar, si llega a producirse, ese afán por buscar cosas que no se hallan perdidas en esas páginas donde se encontraron, que se han ido perdiendo luego, quedándose enganchadas por otros caminos y zarzales donde no se le ocurre a nadie en ese instante en que se echan en falta irlas a requerir; y ya apenas iniciada por los libros la curva de descenso desde el estante, ya en ese primer paso dócil hacia mis manos, lo mismo si bajan para ser mostrados a alguien que para ser mirados por mí, me vendrán acusando de falacia como con ese gesto de entendimiento con el que nos desarma algunas veces, antifaz en la mano, otra conciencia que ha dejado de pertenecer a nuestra órbita y que, aunque pueda seguir jugando a mantener componendas engañosas, quiere dar a entender de antemano que penetra el engaño; y me replegaré, tendré vergüenza, como un viejo ateo parado frente al atrio de una iglesia ante cuyo retablo en otro tiempo se hincaba de rodillas.

Son irrecuperables las primeras lecturas, puedes reconstruir el argumento de alguna de ellas, incluso página por página, pero la relación apasionada con aquellos personajes es lo que se ha roto para siempre; queda a lo sumo en lo más hondo, disimulada, acallada por métodos espúreos, mezclada con detritus de varias construcciones sucesivas, aquella sed por abarcar, por entregarse a la naturaleza y a la aventura, por alcanzar imposibles, conocida a través de esas ficciones; una sed que no apagaban los juegos ni las oraciones ni las caricias de mamá o la abuela. Las primeras novelas de amor que he leído en mi vida ha sido ahí tirada por el suelo en siestas de verano, con el libro en la alfombra, y aquel simple acomodo del cuerpo a la postura más propicia coincidía ya con el movimiento ávido de la mano que se adelantaba a buscar la página donde había quedado pendiente el episodio que había hecho galopar mis sueños la noche anterior, y era tal el deseo de intrincarse por aquellos renglones apretados, de viajar, de volar a su través que todo en torno desaparecía. Hasta que un día me miró la abuela; era antes de la guerra, tendría yo ocho años, pero qué bien me acuerdo, levanté los ojos y comprendí que los suyos llevaban un rato espiándome; se balanceaba levemente en la mecedora con aquel empaque estremecedor que ha conservado hasta hace poco y, abandonada la labor de ganchillo sobre el regazo, todas sus potencias se habían concentrado en la luz que me llegó súbitamente desde las rendijas de sus párpados, tan denso y alevoso noté el fluido que me escoció como la picadura de un insecto. "No sabía que estabas ahí", dije sobresaltada, y me subió un calor desconocido a las mejillas. Nunca me había yo ruborizado antes de aquel día y estaba orgullosa de ello, me parecía un oprobio que la gente se pusiera colorada; a Juana le decía: "jamás te pongas colorada, te digan lo que te digan, no tienes por qué, no tienes por qué", y me daba rabia que ella me contestase que eso no se podía remediar. Me quedé casi sin respiración, con el dedo apoyado tenazmente en el ángulo izquierdo de aquella enorme página de donde, en contra mía, me sentía arrancada, expulsada violentamente del paraíso para yacer al raso bajo aquella mirada silenciosa e inhóspita; me pareció una coacción intolerable de puro injusta y bajé los ojos a la página para buscar en ella explicaciones a la turbia emoción que rechazaba y al tiempo padecía. Era un relato por entregas: *Abandonada,* traducción del francés, y el dedo lo tenía encima del grabado del principio, anoche me lo encontré de sopetón y fue reconocerlo y revivir la escena que te cuento, los ojos de la abuela abatiendo los míos y mi dedo infantil señalando como una acusación esa viñeta que luego he asociado de forma irreversible a mi primera noción de pecado. No era propiamente una ilustración del texto, sino uno de esos círculos ampulosos que enmarcan las mayúsculas iniciales; dentro de él, a la izquierda, está la luna, luego te lo enseño, rielando sobre el mar con su barco de vela, y a la derecha de la mayúscula, una E rodeada de nenúfares, saliéndose del marco como si lo rompieran para echarse a volar, se abrazan dos amantes, ella túnica blanca y alas de mariposa, él barba recortada y traje oscuro, precioso para un cartel de los que invaden el mercado ahora, pero yo aquel día sólo me fijé en el abrazo, ni en los atuendos ni en la luna ni en la greca, nada más que en la forma que tenía ella de quebrar la cintura y volver la cabeza para escapar al beso que ya tan inminente la asediaba, mientras por otra parte la traicionaba el gesto de desmayo y extravío, salvarse y quemarse, querer y no querer, unida y separada, con los cabellos sueltos sobre el hombro desnudo. Y cuando volví a mirar a la abuela, ya había asumido mi primer rubor y no lo tuve por tan incoherente, me había enterado de que la causa estaba allí, plasmada en los segundos que precedían a la entrega de la mujer aquella del grabado. "Pones cara de loca leyendo esas novelas", dijo entonces la abuela; y en el momento en que me levanté bruscamente y me escapé a mi cuarto sin contestarle nada inauguré una separación que no iba a hacer en adelante más que acentuarse entre lo mío y lo de los demás. Leer, desde aquel día, se convirtió progresivamente para mí en tarea secreta y solitaria; no siempre podía aislarme, por supuesto, porque esos tomos grandes no nos los dejaban sacar del salón que es cuarto de paso, como verás, pero empecé a estar a la defensiva cuando leía aquí, con el oído alerta, preparada para ocultar mi embebimiento si me veía forzada en un momento dado a levantar los ojos para mirar a alguien, cambiar de mirada, ¿comprendes?, aprendí entonces ese manejo que luego se nos ha hecho tan habitual como cambiar de noche en carretera las luces largas del coche por las cortas, es simplemente darle a una palanca, recuerdo que fue tirada ahí en la alfombra, hace más de treinta años ya, cuando me adiestré con delectación en esa posibilidad de transformar la luz de la mirada, automáticamente, al más leve rumor de amenaza cercando mi guarida. Las otras novelas, las que estaban en libros manejables, me las llevaba al cuarto o a un rincón del parque, pero también me acompañaba la sensación de riesgo y de estar al acecho, que ésas eran robadas ya descaradamente del despacho que fue del abuelo Ramón y que usaba papá por los veranos, luego se desmontó, es una habitación vacía de ahí al fondo; así que, por unas causas o por otras, leer era acceder a un terreno en el que se

34

ingresaba con esfuerzo, emoción y destreza, terreno amenazado y siempre a conquistar, a reinventar y defender, y años más tarde supe también que la puerta de ingreso a este recinto, además de secreta debía ser empujada preferentemente de noche, como la del amor, y llegué a identificar el bebedizo de la lectura con el de la noche, les reconocía un sabor parecido, idéntico misterio, pero leer de noche no pude en mucho tiempo porque aquí hasta después de la guerra no pusieron luz eléctrica, nos alumbrábamos con carburo; de manera que en cuanto atardecía había que dejar las historias a medias y empezaba la hora de ponerse a rumiarlas y a vivir en su estela, la hora de dar un paseo, de ayudar a mamá y a Juana en sus labores, de jugar por el pueblo con los niños, la hora de robar uvas en las viñas de cerca de la iglesia y de escaparse al monte, de subirse a los muros, a los árboles y a las peñas difíciles mientras la luna se cuajaba. La luna era bandera de la noche, diosa desafiante y le gustaba poco a la gente de bien, la miraban con recelo y en cuanto podían la desprestigiaban; decía una canción:

El sol le dijo a la luna,
ocairí, ocairá,
apártate, bandolera,
ocairí, ocairá;
mujer que anda de noche
no puede ser cosa buena;

el sol daba la fuerza y la esperanza y la luna la duda y la zozobra, eso sí, pero qué estúpida traducción a esquemas romos y vulgares la de aquella canción, ¿cómo iban a hablarse en ningún caso de manera tan necia y tan pueril

35

dos dioses imbatibles, si además no podían siquiera conocerse?, y yo con el sol, aunque me gustaba, tenía una relación de desafío, de contraste, como si le dijera: "tú ahí y yo aquí, yo soy mi tiempo y mi sangre y mis proyectos, soy algo que tú iluminas y contorneas", pero a la luna me fundía y me abandonaba, podía hacer de mí lo que quisiera y siempre ha conocido su poder, me puede hacer perder hasta la memoria y la dignidad, las riendas de mi vida, insufla y apadrina en mí los más inesperados trastornos, y lo sabe. Y así ocurría muchas veces que me quedaba sola en un lugar cualquiera, sin enterarme de que los demás se habían ido, clavada allí desde que las nubes perdían sus últimos resplandores malva y ella se entronizaba lentamente oscureciéndolo todo en torno y yo bajo su halo, perteneciendo ya sólo a su influjo, hasta que de improviso me oía llamar a voces por mi nombre, me buscaban con susto y era oírlos exactamente igual que despertar, un poco lo que me ha pasado antes cuando se fue el caballo, que, por cierto, hay luna llena esta noche; tardaba un rato en reconocer el lugar y los rostros, me había olvidado de todo y a aquella sensación le llamaba "mi fuga", pero no siempre la sentía llegar, no siempre me daba tiempo a darle nombre, a decir "ya me viene la fuga", sino que estaba sin más en aquella otra orilla no sé cómo ni desde cuándo, como pasa al dormirse. A mamá fue a la única que traté de explicárselo y noté que entendía en que no me pidió más puntualizaciones, le dije simplemente: "me viene la tristeza con la luna y me siento perdida, que no soy nadie, hasta que ella me coge y me lleva en volandas, porque me escapo, de verdad, y no lo puedo remedir yo, como si se me hubiera ido el cuerpo a otro lado"... "Que sí, hija, que sí... — y lo dijo bajito, mirando alrededor porque ella de su madre tenía vergüenza y miedo —, yo también soy lunera, claro"; qué fácil era todo con mamá y en cambio qué difícil meter en casilleros aquel otro saber que iba uno por su cuenta poseyendo, cómo se estrellaba, por ejemplo, el sentido intrincado de mis fugas contra la insoslayable separación entre alma y cuerpo que las normas mandaban respetar. Confesarse, por eso, era tarea ingrata y agobiante, era hacer coincidir quieras que no lo libre con lo impuesto, y qué duro acomodo hablar de cuerpo y alma a través de los agujeritos del confesonario y en aquella postura tan incómoda con el zoquete de don Santiago que nunca entendió nada fuera de los discursos del general Varela, y el pobre sigue igual, antes le he tenido que decir que se fuera porque es que no aguanto a la gente tan cerrada, venía dispuesto a quedarse toda la tarde a la cabecera de la abuela, dice que me voy a condenar, que yo tengo la culpa de que ella ahora no pueda ver a los curas, con lo piadosa que era, ya ves qué culpa voy a tener yo si no la veo ni la oigo más que de ciento en viento; en fin, pues con él me tocaba confesarme, hijo, me costaba sudores de muerte, tenía que hacer ensayo general la noche antes, y es que fíjate, aquel asunto de leer, por ejemplo, que constituyó durante años la materia más peliaguda de mis confesiones por cómo se iba identificando para mí con la noche, con los tactos furtivos, con una rebeldía contra leyes y horarios y un marcado placer por lo prohibido, ¿a qué jurisdicción pertenecía?, ¿a la espiritual o a la corporal?, si era imposible, absurda, la elección, si se trataba precisamente de una marea que invadía de golpe cuerpo y alma dibujándoles costas y arrecifes idénticos, acompasando placenteramente al uno contra la otra, alas y raíces, deseo y sangre, cuerpo y alma, claro, inflándolos a la par. "Me alegro de crecer —le dije a don Santiago— (todavía se acuerda porque antes me lo ha dicho) y de sentirme el cuerpo por la noche porque es lo más mío que tengo, me gustaría llevar escotes, pelo muy largo suelto y túnica sin mangas y siempre estoy soñando que me escapo." Y una tarde que vino él a casa a tomar chocolate con la abuela oí que se lo contaba con palabras distintas y mucho más vulgares, una atribución tan tergiversada y burda como las palabras que el sol le podía haber dicho a la luna, caso de que se hablasen igual que en la canción, y aunque me pareció una puñalada trapera indigna de un cura, me facilitó por otra parte una especie de autoabsolución para con mis pretendidos pecados; desde entonces, cruz y raya, confesión convencional y se acabó, en los dominios de lo mío no tenía por qué legislar nadie, separé mis ensoñaciones solitarias de todo aquel mundo reglamentado de opiniones y castigos, le eché leña al fuego, hilo a la cometa, allá va, me gozaba en transgredir, en disimular, en robar libros de la biblioteca, en fortificar el escondite que visitaba luego de noche; lunera, sí, marcada por la luna. Aprendía los juegos de los niños y los ejercitaba, estudiaba de prisa, sonreía, daba besos a los mayores, ponía cara de escuchar sus amonestaciones y consejos, pero por debajo de los ademanes y tactos aprendidos, de cuanto hacía, veía y escuchaba, entreverando las oraciones nocturnas, las quejas y conflictos de los adultos, las noticias acerca de una guerra que se estaba fraguando o nos cercaba ya o acaba de pasar arrasándolo todo, surgía incontenible, al atardecer, la visita de esa sensación que me iba aislando y que al principio podría definirse como doloroso hueco a llenar, como un comprobar la carencia fundamental de algo que nunca va a alcanzarse, hasta que de repente se ponía a respirar en mí otro ser de ficción que me marcaba y habitaba con sus derivaciones de vida y sufrimiento. Y así supe lo que es consumirse de esperanza, amar en la ausencia, recordar peligros y dulzuras recién vividos, palpitar acechando una vereda en sombras, apretar con vehemencia una carta de amor imaginaria, llorar desvíos injustificables; emociones precursoras de las que más tarde, al sustentarse sobre argumentos reales, no sólo conocía ya sino que las sentí más falaces y menos genuinas que las de esos veranos de la infancia cuando en cada anochecer venía a ser sustituida por la protagonista de la historia que estuviera leyendo; juguete todas ellas de aventuras y pasiones convencionales, fantasmas literarios de cuarta o quinta fila creados a golpe de codos y desencanto en lejanas pensiones de Londres, Nápoles o París, vertidas luego sus peripecias al precario castellano de las traducciones malpagadas donde enjugaban su fracaso y la renuncia a sus sueños tantos periodistas ambiciosos llegados de provincias a la corte con diecinueve años, hundidos progresivamente en el marasmo nacional de principios de siglo, muchachos de carne y hueso que también habrían soñado con el amor en los atardeceres de su provincia, tertuliantes enardecidos al hablar de los males del país, alicaídos al recontar su peculio por la noche, erigidos, a su vez, en personajes patéticos por la literatura posterior al noventayocho, retablo de estertores donde todo se enhebra. Este invierno pasado, por ejemplo, asistiendo una noche a la representación que también a destiempo, como todo, se ha hecho en Madrid de *Luces de Bohemia,* en la escena en que están en el periódico aquellos alevines de escritor haciendo trofeo de su barata agresividad verbal, de pronto me quedé sobrecogida por que pensé: "Uno de ésos, ese mismo delgaducho que se da tantos aires, del que creo que es un actorcito joven al que dentro de un rato puedo ver en la barra de un café tomándose una copa, podría yo decir y no estaría mintiendo que ha sido más que Dante y Faulkner para mí, arquitecto de mis capiteles más firmes y recónditos; ahora se irá a su casa cuando deje la escena y a la luz de una lámpara, sin ganas, distraído, se pondrá a traducir, del italiano creo, para que yo la lea a los diez años, a los doce y los quince, la historia que no ha sido capaz de inventar él, la que me hará vivir la pasión más enorme que he conocido nunca; es mucho más que mi primer amante, nunca bostezará delante de mí ni sabré de su hambre, de su frío y su miedo, pero va a tener parte en la edición de un libro sin grabados del cual compró el abuelo un ejemplar que lo guardó la abuela y yo se lo robé secretamente, no, no tenía grabados, luego pensé "mejor, mejor me lo imagino", le faltaban las primeras páginas y había que adentrarse todavía unas cuantas que hablaban de las pesquisas tenaces y morosas de un siciliano pálido, de mirada febril, antes de que irrumpiera en la página treinta, como pago al tesón de aquella búsqueda, la singular mujer de radiante belleza que con su aparición desafiaba a ese hosco personaje cuyo nombre aún no se sabía, viajero infatigable que la venía invocando de país en país con el obsesivo designio de hallarla donde fuera para vengar en ella, último retoño de una estirpe maldita, implacables agravios de familia, orientado por el solo afán de llegar a matarla fríamente." Y ya dejé de atender a la obra de Valle-Inclán, como que me lo notaron los que estaban conmigo, porque hasta entonces había estado participando con mi actitud y con mis comentarios y de pronto se me interfería ese otro texto archivado, creía que perdido, a cuyo traductor estaba conociendo disfrazado al amparo de una decoración de teatro y también, cómo no, desde un tinglado mío montado cuidadosamente al cabo de los años; reparé en mi teatro con toda nitidez, me supe atrincherada detrás de bambalinas cada día cambiantes, me agobió la barrera de tanto sedimento como he ido almacenando entre yo y los demás, y se me destacaba del contexto de aquella otra función, auténtico, mediocre, desvalido, aquel mal periodista que al volver a su casa iba a encender la luz y a coger una pluma y diccionario, se iba a poner a hacer su ración de trabajo, a escribir para mí, a grabar muchas veces un nombre de mujer que luego yo haría mío, me lo repetiría a oscuras por las noches debajo del embozo soñando que me lo decía aquel tipo sombrío y vengativo del que pronto se supo que se llamaba Renzo y que progresivamente se iba sintiendo embriagado por la belleza de su enemiga, un nombre que se dirigía a mis oídos, a mis ojos, a mi piel, a mis cabellos, a mi boca, a todo mi cuerpo, identificado al cabo, tras tortuosas y solitarias componendas, con el de aquella hermosa siciliana del libro, nombre que se infiltraba en mi sangre alterándola, y yo, testigo y cómplice de tal transformación, me lo repetía con audacia y destreza cada noche mayores, aún a riesgo de franquear un umbral que conducía a espirales de vértigo y pecado, nombre de fuego pronunciado por una boca de fuego: Adriana. Acechaba él las tapias de su huerto como sombra furtiva, luchando entre el amor y la sed de venganza, iban en una barca a la luz de la luna y dormía un puñal en su bolsillo, se detenían en medio de la corriente, a ella le rodaban unas lágrimas pensando en su orfandad, abandonaba él los remos, se cambiaba a su lado y allí, con la barca a la deriva, bajo unos sauces, pensaba que había llegado el momento, pero acababa tomando, a su pesar, entre los suyos aquellos dedos fríos y recorriendo con los labios el reguero salado de llanto que moría en las comisuras de aquella boca irresistible, y horas más tarde, a solas, se mesaba la barba y los cabellos, reconstruía sus propósitos con renovada crueldad, huía al monte unos días, se juraba no volver a verla hasta haber madurado bien el plan, pero noche tras noche la invocaba sin tregua — Adriana-adriana-adriana —, la imaginaba ardiente, despierta, extraviada, llamándole de noche, siempre todo de noche, bajo la luna — Adriana —, y yo dejaba la ventana abierta, me tapaba la cara con la sábana y estallaba latiendo en el silencio el nombre aquél como un eco del canto de fuego de los grillos — Adriana-adriana-adriana —, nombre de perdición. La Virgen era el día, la luz, la nube azul, la paz de una mirada sin conflictos; la imagen de la Virgen de las Nieves peripuesta, enjoyada, con su manto de raso, subidita a sus andas, a la que echábamos flores y versos el día de la procesión de agosto, estaba ahí abajo en nuestra capilla particular como un animalito doméstico, está todavía, no ha envejecido nada, y algunas mañanas, tratando de aplicar el ardor excesivo de mis sueños entraba a verla y me arrodillaba a sus pies, imaginando para vivificar mi devoción que la miraba por primera vez, pero era tan inerte y conocida como la tía Aguedita, una hermana soltera de la abuela, y contra aquellos ojos de cristal se me helaba el conato de cualquier confidencia y el posible fervor de las avemarías, me volvía al hedor de mi guarida, a la ardiente penumbra. Adriana era el reverso

de la Virgen, la diosa de la noche, secreción de la luna, y
yo la había elegido sin remedio; me asomaba descalza a
la ventana con los ojos abiertos como un búho, la sentía
presente, diluido su aroma por el parque, acodada en el
muro que separa esta finca de la aldea, esperando a aquel
hombre de los ojos hundidos que la desconcertaba, hasta
tanto una noche me habitó la certeza de su proximidad
que el deseo de verla me llevó a descolgarme al huerto
en camisón; y aunque era una escapada que en otras ocasiones de encierros y castigos había llevado a cabo con
total eficacia, tuve mala fortuna al dar el salto y me las-
timé un pie, cosa que, metida como andaba en aquellos
esquemas maniqueos del mal y el bien, tuve por señal del
cielo para avisarme de mi perdición, y de pronto temblé
porque pensé que Adriana, si tanto la invocaba, llegaría
a tragarme, a venderme su cuerpo al precio de mi alma
y a pesar de lo que me dolía el tobillo, sólo me atosigaba,
allí caída en la hierba, la idea de aquella posible y fulminante metamorfosis que, aunque esperé con el corazón pal-
pitante, no se produjo, así que me limité a subir otra vez
gateando sin llorar ni pedir socorro a nadie, pero un poco
decepcionada de comprobar al cabo de reiteradas explora-
ciones que conservaba indemne del tentador castigo de
los cielos mi cuerpo, tan estrecho e infantil como antes
de bajar. Jamás fuerza mayor posteriormente me ha arras-
trado a una cita, pero el fracaso me hizo también reaccionar un poco y traté de frenar aquellos éxtasis; sin embargo, esa novela la estuve leyendo por lo menos durante
siete veranos seguidos, por eso la recuerdo con tanto detalle, aunque hasta hoy no se me hubiera ocurrido hablarle a nadie de ella.
Ya ves tú cuántas noches han tenido que desplegar estre-

llas desde entonces acá para que las de hoy se hayan puesto propicias al fin, por lo que veo, a apadrinar relatos de esta índole; serán los estertores de la abuela junto con tu llegada la causa de que afloren cuentos tan enterrados, y no sé cuántos más te contaría sacando de lo mío y de lo de esos libros, pero no tengo sueño, si no lo tienes tú, han de salir más cosas, pues que no hay material, para insomnios de un año. Anoche me acordaba de tu padre, mirando esas revistas, para él son tan familiares como para mí, hubo un momento en que me pareció oír un ruido abajo y mandé a Juana a mirar, pensé "¿se le habrá ocurrido venir a Germán?", pero no, no era nadie, y no es que os esperara a ninguno sino que en ese momento tenía delante una viñeta de una mujer barbuda sobre la que él hacía en tiempos muchas bromas y me habría gustado recibirle con ella en la mano, hemos manoseado tanto esos tomos que hasta por fuera los distinguíamos uno de otro, a pesar de lo iguales que parecen, por marcas y defectos en la encuadernación del lomo y de las pastas, cada uno tenía fisonomía propia y de un verano a otro habían cogido una solera nueva, nos hacía ilusión volverlos a mirar. "Dame el de las hermanas siamesas — decíamos — ... el del señor guapo mirando por el telescopio... el del baile en Palacio", pero a él de las historias le daba igual, no acababa ninguna ni se las creía, novelas, tonterías para matar el tiempo, se reía de mí, porque yo, en cambio, ya traía pensada la primera novela que iba a leer y en cuanto llegábamos a finales de junio y dejaba la maleta en mi cuarto, que era ese donde te has lavado tú, ya salía y me ponía a buscarla aprovechando que con el barullo de la llegada nadie se fijaba en mí, y encontrarla en el tomo que fuera era ya un gozo en sí, te lo aseguro, como volverle a ver la cara a un amigo del que te has acordado todo un año. Es curioso lo de prisa que se lee a esa edad, a veces lo he pensado, no se asoma uno a leer ni casi existe más que como sujeto pasivo dispuesto a la invasión de lo que sea; y el caso es que se entiende, en general, pero entran en cascada las palabras y solamente alguna que entorpece mucho hay que sacarla del texto para mirarla a la luz. Incluso, ya ves, puede que alguna vez le preguntara yo a mamá que qué era la ruina, es probable y me gusta imaginar que se lo pregunté y que ella buscó la palabra en el texto trayendo el dedo a la línea, como hacía siempre, y quedándose un rato pensativa antes de responder, pero de lo que sí estoy segura es de que cuando me diese la explicación: "pues se refiere a cosas estropeadas por la acción del tiempo", si es que me dijo esto o algo por el estilo, ya estaría notando en el mismo momento cogido el corazón por tantas cosas como en su vida se iban arruinando y pudo volver los ojos a esas grietas de techos y paredes y saberse presidida, como yo ahora, por su lenta invasión. Son como las arrugas de la cara las grietas de una casa, que existen cuando empiezan a importar. Ya de pequeños crujían las maderas del parquet, como que se salían de puro abarquilladas, y andaban los ratones y carcomas toda la noche de tarea, que esta casa se la compró el abuelo Ramón a los marqueses de Allariz a principios de siglo cuando vino de América, que allí se había hecho rico, y entonces ya era vieja; claro que él la arregló a lo grande para quedar por encima del pueblo entero y de los marqueses aquéllos comidos de deudas, de la hija mayor particularmente, la marquesita delicada y altiva que, según decían, llevaba camino de quedarse para vestir santos y ahora se está muriendo en esa alcoba mientras te cuento esto, porque volvió a recuperar su casa, como ves, y secundó con brío las reformas del abuelo Ramón, pero en fin, hay cosas que por mucho que las arreglaran, si viejas eran, viejas seguirían, y, de hecho, el problema de las goteras ha sido una constante en nuestra infancia. Me acuerdo de una grande que estuvo dibujada ahí mucho tiempo encima del piano; Juana, Germán y yo nos pasábamos las horas muertas de un verano que fue particularmente lluvioso viendo cómo mudaba de perfil y cómo se extendía más y más, y decíamos a lo que se iba pareciendo, un juego que también se hace con los dibujos de las nubes a la puesta del sol, pero eso de la gotera lo decíamos medio en secreto y con cierta inquietud, porque la causa venía de una tarde en que habíamos andado por el tejado jugando a juegos bestias y nos producía una emoción peculiar tener la culpa; muchas veces, al ver que se agrandaba, volvimos a subir a inspeccionar el lugar del delito y a tomar un acuerdo, pero en esos intentos de arreglo y solución, al andar por allí se rompían más tejas cada vez, hasta que decidimos ya dejarlo y esperar impertérritos y con cara de santos el interrogatorio de la abuela si acaso se llegaba a producir, y así nos unía mucho la zozobra de mirar la gotera de reojo y luego unos a otros, Genín el del maestro también entró en el ajo de arreglar con nosotros aquel desaguisado, y mirábamos a la abuela con terror cada vez que pasaba; lo que nos hacía más cómplices era sentir rondando aquel castigo suyo que igual podía estallar y ser de los terribles como no producirse porque estuviera distraída dándole vueltas a otra cosa; así había que tomarla, era según le daba, y a nosotros nos excitaba mucho entonces depender de sus imprevisibles decisiones, sin saber que uno mismo se llega a comportar así con los demás, tú de sobra lo sabrás por tu padre, y el ramalazo de tiranía no nos viene de los Sotero, que el abuelo Ramón era de pasta flora, lo mismo que mamá, sino de los marqueses de Allariz; en aquella ocasión tuvimos suerte y no preguntó nada, aunque cuando nos fuimos en septiembre la gotera se había fijado en el perfil de un mamut, que es como la recuerdo, porque al año siguiente ya no estaba, habrían retejado. Así que ya te digo, no es que entonces no se estropeasen cosas ni tampoco que no lo percibiésemos, pero lo percibíamos de una forma distinta, con una especie de delectación. Jugar en recintos nuevos, ¿a qué niño le gusta?; la ruina, al contrario, es libertad mientras no muerde. Lo que te decía antes de las arrugas: un día has empezado a saber que están ahí, que te irán desfigurando poco a poco, pero lo piensas como cuando ves una película de esas en que pasan los años y el protagonista sale cada vez con el pelo un poquito más gris, como si no te estuviera pasando a ti lo piensas, hasta que un día dices: "es que me está pasando, es que me está pasando a mí, a mí"..., y sin embargo, ¿quién puede precisar cuál ha sido ese día ni medir el escalón que lo separa del anterior ni entender por qué antes llorábamos con toda libertad y hasta con desparpajo, arrugando la frente lo mismo que estrujamos un trapo o un papel cuyo estrago no nos atañe?

G. Uno

—Quítate la mano de la frente, anda, no tienes arrugas tú, no te empeñes en tenerlas. Te aseguro que ahora, a esta luz, eres exactamente la amiga de mamá que estaba abrazada a ella junto a las rocas de una playa que nunca he sabido cuál sería, las dos tan jóvenes, yo os veía como niñas; era una foto preciosa, no sé si sabes cuál te digo, estáis en una carretera delante del acantilado con dos bicicletas apoyadas y se ve el mar detrás, papá la tuvo muchos años en su despacho, luego la he dejado de ver, la quitaría Colette. Pero ya ves, aunque me encantaba, no he querido andar volviendo a buscarla, y con esa historia que me has contado de la herencia del baúl menos ganas me dan; es un morbo muy malo el de las fotos, yo siempre que pierdo alguna pienso: "podía no haberse hecho esa foto, no llevar nadie máquina aquel día", y con eso me consuelo, porque no vas a llorar por todas las sonrisas y los gestos que se han quedado sin fijar, no haría uno más que llorar en ese caso, claro que da mucha rabia perder una foto, pero yo mismo, si ahora encontrase esa que te digo, con lo que la he echado de menos, seguro que la miraría como un tesoro y me empeñaría en legarle a mis hijos la emoción con que de niño, recién muerta mamá, me levantaba algunas noches a buscarla para dormir con ella debajo de la almohada; total que ese rectángulo de cartulina podría llegar a ser un agobio para alguien, igual que para ti lo son ahora esa caterva de entes desteñidos que almacena la abuela en el baúl, y no hay derecho a cargar a nadie con emociones ajenas; así en cambio, habiéndola perdido de vista, la compañía que me hizo muchas noches de invierno no morirá jamás, mientras yo no me muera, quiero decir, porque a otros siempres y jamases es tontería andar aspirando. Me parece que os estoy viendo a las dos a la luz de mi lamparita de noche: surgíais allí delante del mar, tú pensativa y como misteriosa, mamá no, ella muy alegre, su gesto era perfectamente descifrable para mí, se la sentía totalmente congraciada con el paisaje, tan entregada a aquel momento en que la estaban retratando que daba confianza ver su sonrisa, le duraba la sonrisa de aquel día, a mí me llegaba entero el beneficio, te lo aseguro, por mucho que llegara de un lugar tan remoto; pensaba, no sé, que más lejos está el sol y lo tomas y siempre te calienta. Tú, en cambio, me producías una especie de inquietud, me perturbabas, hacía poco que te habías ido al extranjero y luego oí que te habías casado, recordaba perfectamente tus manos y tu voz, algunas conversaciones que habíais tenido papá y tú a raíz de la muerte de mamá aquel verano en Torrelodones sobre la conveniencia de tomar una institutriz para nosotros, que, por cierto, luego un día le dije yo a Marga: "si ella hubiera seguido aquí, nos habría elegido una cosa mejor que Colette" porque Colette vino, creo, por un anuncio; recordaba también tus caricias muy apasionadas sobre mi pelo, besos que nos habías venido a dar cuando estábamos en la cama y algo de tu risa, pero el perfil completo de tu persona no lo lograba coger, se me iba. Papá sacaba a relucir muchas veces tu nombre pero las cosas que contaba resultaban confusas para mi inteligencia que andaba a esa edad a la caza y captura de imágenes claras. La tuya estaba completamente desenfocada, tal vez por eso me atraía. No lograba, por ejemplo, saber si eras mala o buena, si eras inteligente o no, si papá te apreciaba o te tomaba un poco a beneficio de inventario. Pero tu nombre levantaba como por encanto las conversaciones que estaban decayendo y él se animaba al instante, gesticulaba y se ponía de pie como si necesitara espacio para imitar tu voz y tus ademanes. Entrabas en el relato teatralmente, a lo grande. "Y en esto entró Eulalia"; y abría él de verdad la puerta y se le veía irrumpir a pasos grandes — que en eso de las zancadas no te tenía que imitar porque andáis los dos igual —, indignado o riéndose o como entrases tú el día que fuera, y empezaba la función, y allí todos callados, no por cumplir, a ningún amigo de papá de los que han presenciado estos números le noté nunca que fuera por cumplir, es que disfrutaban, yo por lo menos pensaba eso, juzgaba por Marga y por mí que lo pasábamos genial, ya te digo, nadie metía baza como no fuera para reírse, un auténtico espectáculo, y tú la reina o el diablo o el payaso, según, y a veces se metía contigo, pero lo que se sacaba en limpio aunque sus comentarios fueran para ridiculizarte o hasta de antipatía era que tú, desde luego, no estabas entre ese grupo de gentes que pasan por la vida sin dar frío ni calor, eso quedaba perfectamente claro, son cosas que un niño coge muy bien. Siempre me acordaré de un día, era por Navidades, estaba papá de muy buen humor, de esas veces, ya sabes, que se pone encantador y querría uno que no se callase nunca, y nada, se puso a contar una riña que habíais tenido que debió ser terrible, creo que aquí en esta casa, una que terminasteis encima de la cama a patadas y mordiscos y que luego hicisteis las paces allí mismo y tú le leíste versos que habías hecho durante la guerra, y decía al mismo tiempo que los versos eran rarísimos y que tú eras unas bestia parda, que ninguna chica pegaba tan fuerte como tú, decía: "Ésa es de temer", lo decía con risa y censura y orgullo, mirando una carta con dibujos que le habías mandado para felicitarle las Pascuas y que había sido el motivo de ponerse a hablar de ti, sin dejar de beber, animadísimo, y Colette, que ya comía en la mesa, aunque era sólo nuestra institutriz, no quitaba los ojos de él y se iba poniendo cada vez más hosca, con esa mirada suya de cuando no soporta verse excluida de la conversación, y de pronto me quedé de piedra porque dijo con un tono de enfado que no venía a cuento: "Pero, Germán, usted está enamorado de su hermana", y recuerdo que, a pesar de la extrañeza, pensé: "¡qué bien! ¿será posible?", porque a esa edad, tendría yo once años, por mucho que las leyes escritas en tablas y catecismos te hagan aborrecer ciertos sentimientos como monstruosos no pasan de ser eso, letra escrita, tabús que no consiguen cuajar en la sangre ni en los sueños, y miré a papá con esperanza, a ver si su respuesta me aclaraba que, efectivamente, para él tu cuerpo y tu cara tenían un significado parecido al que tomaban para mí algunas noches cuando te miraba en la foto aquélla y me parecías tan lejana como las actrices de cine más guapas e inalcanzables; pero él apuró el vaso de vino y con una voz ya completamente distinta y, si siquiera que te diga la verdad, hasta demasiado brusco el giro al tono seguro y sensato, dijo que antes le cortarían el cuello que enamorarse de bruja semejante ni de nadie que se le pareciera, que ojalá Dios quisiera tenerle reservada mejor suerte que al pobre Andrés, que fue, por cierto, la primera vez que yo oí el nombre de tu marido, y Marga dijo: "¿Cómo, está casada la tía?", pero papá ya no nos hacía caso, ni la oyó. estaba mirando a Colette, y no sé si sería por renegar de ti de esa manera por lo que Dios o el diablo le han venido a dar la suerte que le cayó encima más o menos desde entonces. Son así los quiebros de papá, de pronto se aburre de algo y se acabó, te deja tirado, y yo aquel día encontré injusto, más que lo que había dicho, el notar que con aquello de nombrar al pobre Andrés daba por zanjada una conversación que nos estaba embelesando, igual que cuando de niños nos apagaba la luz en mitad de un cuento porque se cansaba: "hala, adiós, a dormir". Aquello de Andrés lo había dicho para otro auditorio, para Colette, y ya sin transición estaba ocupándose de ella, sirviéndole vino, mirándola, sonriéndole; nos dejaba a oscuras, plantados, a nosotros y a ti, para que a ella le pudieran volver a brillar los ojos y se le pasara aquel extraño enfado, lo nuestro nada, un manotazo, al suelo, como si no existiéramos. Y yo me levanté, tiré la servilleta y me fui rabioso a mi habitación. Menos mal que los humores de los demás te dejan de alterar con el tiempo, se acostumbra uno a que cada cual haga lo que quiera y elija lo que se le antoje, si es tu padre como si es el ministro de Educación Nacional, allá ellos, lo ves como un espectáculo. A mí ahora a veces me da pena que papá eligiera tan mal, por él sobre todo, porque le noto que empieza a darse cuenta de dónde se ha metido, pero me da igual, no sé cómo decirte, no se me ocurre pensar que ha cometido traición contra nadie, y me parece absurdo mi llanto de aquel día encerrado en mi cuarto y pensando con desesperación que mamá a Colette nunca la hubiera escogido para retratarse con ella en las rocas de aquella playa, ya ves tú qué argumento para odirla, porque la verdad es que ése era el principal que tenía en aquel momento, aparte de recordar un gesto muy irritante que hacía con la boca y que todavía lo hace cuando viene gente, un frunce así como de hacerse la deliciosa y exquisita, no sé si te has fijado, "boca piquito" como la llamábamos Marga y yo desde que entró en casa; pero su mayor culpa era la de que, en aquel mismo instante en que acababa de descubrir de modo fulminante las relaciones entre ella y mi padre, hubiera quedado también de manifiesto su incompatibilidad como amiga de mamá. Durante mucho tiempo, todos mis sueños se concentraron en torno a vuestra amistad, en hacer conjeturas sobre lo que os habríais contado aquella tarde de la foto, adónde habríais ido luego y en imaginar de qué color serían vuestros vestidos, el tuyo era de rayas, me acuerdo, del largo que vuelve a estar de moda ahora, por media pierna, ya ves qué casualidad, parecido al que llevas en este momento, con vuelo y eso. Precisamente así, a esta luz, tienes un aire idéntico al de la foto, ese gesto que no se entiende bien pero que invita a ser descifrado, no pone la barrera como otras veces, no echa para atrás.

Es increíble lo que puedes llegar a cambiar de unos ratos a otros. Antes, cuando entraste y te quedaste parada ahí en el quicio de la puerta sin saludarme ni dar señales de haberme conocido, me diste miedo, no sabes bien la cara que traías, como si acabaras de ver al diablo. Claro que, según parece, casi lo habías visto, pero eso se avisa, se pone uno en el caso del que tiene enfrente, yo por qué iba a saber lo que te había pasado ni qué culpa tengo, bastante tenía con lo mío, con la hora y pico que llevaba aquí esperándote como cogido en una ratonera; fíjate lo que es llegar a un sitio como éste que no tienes ni idea de él porque lo has dejado de ver a la tierna edad de tres años, ya medio arrepentido de haber decidido venir, con la noche encima y sabiendo que se está muriendo una señora ahí, entrar en esta habitación casi a oscuras llamándote, porque la puerta la teníais abierta, y que en vez de salir tú salga un bulto que no conozco de nada oliendo a aguardiente y a pajar, la tal Juana, oye, que parece una bruja de las de Macbeth, y se me abrace llorando y riendo y buscándome la boca para besarme sin más explicaciones que repetir "Germán-germán-germán", no sé cuántas veces dijo mi nombre hasta que se separó a mirarme y comprendió, claro, que no soy mi padre, y ahí empezó el calvario; tú no sabes lo que ha sido aguantar el silencio que siguió hasta que has vuelto tú, que no había manera de arrancarle más que monosílabos. Se metía de vez en cuando por esa cortina, supongo que la alcoba estará yendo por ahí, y vuelta a salir otra vez sin ruido; cuando menos lo esperaba volvía la cabeza y estaba de pie detrás de mí mirándome como a un bicho raro, me pegaba unos sustos horribles, ya se me quitaron las ganas de asomarme al balcón a mirar las estrellas ni de sentarme aquí en el sofá ni de ponerme en ninguna postura que le diera la espalda a la cortina ésa siniestra por donde sale y se mete, como el diablo en los autos sacramentales, me senté en una silla contra la pared porque por lo menos así me sentía más defendido, y ella nada, simplemente mirándome y diciendo a ratos que no con la cabeza, no sé si querría decir que no venías o que la abuela no se había muerto o que no era yo el Germán que esperaba ella ver, una vez se acercó y me tiró de la manga señalándome la cortina, como pidiéndome que entrara a ver a la abuela y no sé ni cómo pude decirle: "no, no, mejor cuando venga Eulalia", ni me salía casi la voz, oye; cuando le preguntaba que si tardarías mucho se encogía de hombros, eso era todo, si no la hubiera oído decir tantas veces ni nombre a lo primero, habría creído durante mucho rato que era sordomuda; yo estaba preocupado por ti, te digo la verdad, porque un chico me dijo antes que te habían visto por lo alto del Tangaraño y fue un nombre que ya sólo oírlo y mirar el monte que lo lleva me dio miedo, palabra, sería la luz que tenía con el caer de la noche, o el dibujo que hace la cresta, no sé, pero fue así, no te creas que es por lo que tú me has contado, al contrario, cuando me lo estabas contando pensaba: "le pega a ese monte todo lo que dice Eulalia y más, ya lo creo", te admiraba como a un buen novelista de terror cuando da con eficacia un ambiente. "¿Se habrá perdido? — le digo a Juana viendo ya que era noche cerrada —, le puede haber pasado algo", y ella hizo una mueca que supongo que intentaba ser de risa y se pone: "bueno, hombre, bueno", que es lo más largo que dijo; y en vez de tranquilizarme me dio más sentido de la responsabilidad, porque me dejaba solo con mi preocupación y me la aumentaba, pero no me atrevía a salir a buscarte porque por dónde te iba a buscar si no conozco esto, y además esta habitación te paraliza, oye, no sé lo que tiene, sobre todo desde que me senté en la silla, ya clavado, y mira que pensaba "me podía largar", pero imposible, te quedarías horas en la misma postura, es como un maleficio, como lo de *El ángel exterminador* de Buñuel, que no se podía la gente mover de aquel cuarto, por más que quería, habrás visto la película ¿no?, pues lo mismo. Conque figúrate en esa situación que se prolonga un tiempo insoportable lo que puede suponer oír un ruido que por fin no es el de los grillos en la noche, un rumor de pasos de persona subiendo la escalera y el "ahí está" de Juana, madre mía, qué liberación. Era como abrirle a uno la puerta de la cárcel, no te puedo explicar el alivio con que recordé tu cara y la embellecí en esos segundos mientras esperaba verte aparecer, y luego qué decepción, qué jarro de agua fría. Porque es que oye tú, por mucho que hubieras visto un borracho a caballo, que yo también llevaba una hora encerrado en un cuarto con una loca a la que no conozco más que de oídas, y además, si venías con angustia o con miedo o con lo que fuera, razón de más para haberte alegrado de verme, yo creo que una persona como yo, me quieras mucho o me quieras poco, si aparece aquí de pronto en una ocasión como ésta, se puede suponer lo que te dé la gana menos que viene a incordiar o a pedir cuentas de nada, creo que algo de compañía te podré hacer, ¿o no te la estoy haciendo?, y, vamos, no me digas que te alegraste de verme, con esa expresión helada y ausente no se mira ni a un perro. Porque lo malo tuyo es que miras, preferiría uno que no miraras, pero ese estilo tan ofensivo de mirarle a uno sin verle más que como un estorbo que le está cortando paso al viaje de tus ojos es algo que no se puede soportar; me congelaste la palabra, me hiciste literalmente desaparecer, sentirme como el vacío mismo; y encima Juana en cuanto tú llegaste se puso a hablar, no había nadie en la habitación más que ella y tú hablando del baúl de la abuela, de si había dicho no sé qué, y os metisteis y ese último rato que estuve aquí sentado solo ha sido el peor, entonces sí que noté lo del maleficio de la habitación, porque con la ira que me entró en lo único que pensaba era en marcharme y sin embargo no me era posible moverme de la postura en que estaba, pero una ira horrible, no te lo puedes figurar, te odiaba y más todavía cuando vuelves a salir, ya como si nada, te arrodillas a recoger un poco esos libros del suelo y, con toda naturalidad: "¿Y tú qué haces aquí?", que, vamos, es el colmo, ¿crees que se le puede preguntar "tú qué haces aquí" a un señor que acaba de cruzar media España para recoger el último suspiro de su bisabuela? Será una chaladura o una ventolera, como dijo Colette, pero eso que lo diga Colette, bueno, no tú, tú tenías que haberme dicho nada más entrar: "¿Sabes lo que te digo, Germán? Que *chapeau,* que te doy un diez", era lo que esperaba, lo que me ha venido manteniendo y animando durante todo el viaje y también mientras pasaba ese purgatorio con Juana. Vamos, que qué he venido a hacer aquí, mira que la ocurrencia, pues nada, lo que tú, y a darte conversación para que no se te haga la noche tan larga, ¿te parece poco?, y lo grande es que te lo digo ahora, cuando ya estoy a gusto y me alegro de haberme quedado, y no en el momento del cabreo que es cuando te tenía que haber dado un buen corte, decirte, por ejemplo: "¿Que a qué he venido? Pues a declararte que eres el ser más grosero que pisa baldosa, me vale la pena, ya ves, el haber hecho tantos kilómetros, me quedo más ancho que largo, porque es una declaración que llevo años queriéndotela hacer", y luego haber roto alguna porcelana de esas de la consola y largarme en plan duro del oeste. Claro que también me contuvo acordarme de Colette; ella estaba convencida de que a cualquiera que apareciéramos por aquí nos ibas a recibir con displicencia, dice que te encanta ejercer de protagonista incomprendida y solitaria, eso me influyó mucho, acordarme del tono de sus advertencias, tan cargadas de razón que de lo único que te dan ganas es de quitársela, y según te estaba viendo ahí agachada cerrando esos libros de la *Ilustración,* me acordé de eso de la protagonista solitaria y me entró como una reacción de simpatía hacia ti y de antipatía contra ella y me dije: "Pero bueno, por Dios, que ejerza de lo que quiera y que me trate como le dé la gana, todavía hay clases", pero sólo por eso, ya te digo, por compararte con Colette y no poder soportar ni de lejos la idea de su boca piquito enunciando el consabido "ya te lo decía yo", que lo que es si no a estas horas no sé a quién le ibas a haber contado que has visto a la Muerte, no se lo habrías podido contar a nadie, porque a Juana no creo, así que sería igual que no haberlo visto; dime tú para qué se contarían las cosas si no fuera para creérselas el mismo que las cuenta, ¿es así o no?, pues claro, el que oye hace papel de comparsa, importa mucho menos. Y por supuesto que yo la historia ésa del caballo negro no sé bien si me la creo, para qué te voy a engañar, pero el oírla yo te ha servido para que nazca como tal historia, para que tú te la creas a pies juntillas, pues menudo favor; pero además no te enfades, guapa, la cuentas muy bien, las cosas como son, y lo que está bien contado es igual que si fuera verdad, qué más da la verdad que la mentira. Vaya, te sonríes, menos mal, sale el sol, no pareces ni hermana de la de antes. ¿Sabes antes al volver del paseo la cara que tenías?, exactamente igual que el día último de año en casa de aquel escultor barbudo donde coincidimos por casualidad. Yo no sé si tú conocerías mucho a aquella gente, yo casi de nada, fui a parar allí por amigos de amigos, esos remolinos que se forman en noches así en que hay que divertirse a la fuerza, por encima de lo que sea y que cuanta más gente se junte y menos peguen unos con otros, mejor. Total que yo tenía una noche fatal y me dijeron que ir allí, que iba a estar animadísimo y dije: "venga lío", llevaba bebiendo desde media tarde porque había terminado con Ester, esa chica con la que estoy saliendo hace tres años, tú creo que conoces algo a su padre, Ester Rodero, bueno, digo que había terminado pero es que con ella se pasa uno la vida así, terminando y volviendo a empezar, es de las de "ni como ni dejo comer" y un poco también por culpa mía, no digo que no, hay seres que han nacido para traer en jaque al personal y otros, como yo, para dejarse agarrar por los conflictos ajenos, y no es que ella se invente los conflictos que tiene, pobrecilla, es una víctima de su familia, como en el fondo lo somos un poco todos, pero está de psiquiatra y a veces ya no puede uno más, total que esa noche me había ido por ahí con gente precisamente para olvidarme de Ester y para no estar en casa si llamaba, había decidido que estamos en un círculo y vicioso y que por mucho que la quiera se acabó, que año nuevo vida nueva, pero son decisiones postizas, lo dices porque bebes unas copas y luego de repente se te cae el entusiasmo al suelo y te das cuenta de que eres un mentecato, que no se libra uno así por las buenas de la gente sólo con decidirlo y decir "se acabó", yo por lo menos no puedo, no sé si habrá gente capaz. Y precisamente en aquella especie de Babel llena de pasillos y de escaleritas que era la casa del barbudo me sentí muy perdido y comprendí que siempre voy a seguir preocupado por ella y que la echaba de menos y que nadie de la gente que andaba por aquellos cuartitos saliendo y entrando me importaba un pito, todas las caras me aburrían y en esto le oí decir a no sé quién que te habían visto, alguien desconocido que se lo decía a otro sin saber que eras familia mía: "No, Andrés Echevarría no, la que está es su mujer", y me pareció providencial poder encontrar de pronto tu cara entre todas aquellas que no tenían para mí el menor sentido, la tuya para qué te voy a contar el sentido que tiene y las cosas que me recuerda, la vea donde la vea, y más esa noche. Además, oye, es que todo el año pasado me tenían aburrido en casa con las versiones contrarias que se traían sobre vuestra separación, que si tenía la culpa Andrés, que si tenías la culpa tú, Colette y papá es horrible, andan siempre a vueltas con eso de las culpas se hable de quien se hable; ¿pero qué culpas?, ¿quién tiene culpa de nada?, a mí me ponen frenético, en vez de contar una historia clara, que te interese, que saques algo en limpio de los motivos, del alma de la gente, lo que sea, pues no, parece que lo único que importa es descubrir a un culpable y a la víctima entregarle la palma del martirio; yo no me he enterado nunca de lo que os pasó, en parte por lo mal que lo cuentan ellos y luego porque me aburren los chismes, eso de "pues también ella", "y mira que lo que él dijo", pero ¡qué más dará! si además las cosas nunca son tan esquemáticas como se ven desde fuera, yo lo único que sabía es que tú no eres un ser así de elemental ni ningún marmolillo y que algo te habría pasado para dejar a un señor con el que has vivido diez años, me refiero a pasar por dentro, a que estarías sufriendo, y alguna vez he estado incluso a punto de llamarte, pero no me atreví; así que ya te digo, se me abrió el cielo: "Eulalia, ¡qué maravilla!", además había bebido bastante y no sentía ninguna timidez, me desprendí de una niña pesadísima que me pone ojos de carnero a medio morir y me lancé en seguida a buscarte, qué agradable sentarme a tu lado sin necesidad de decir más, pasarte el brazo por los hombros, darte un beso y ya, qué falta hace decir nada en una noche así, lo que quería era que entráramos en el año bebiendo de la misma copa y según te buscaba por entre toda aquella aglomeración, con verdadera urgencia porque ya eran menos diez, lo único que pensaba era que a ver si se había confundido aquella persona, ojalá que no y ojalá también que te encontrara sola, eran las únicas pegas, la idea de que no fueras a alegrarte tú no se me ocurría siquiera. Y por fin te encontré, sola, ¡qué suerte!, sentada en la moqueta de un cuarto empapelado de rojo, te vi como en los sueños, tenías apoyado el codo en una mesita y yo iba hacia ti despacio, sin estar seguro de si me habías visto o no, desde luego los ojos no los levantaste, pero cuando ya estaba cerca me pareció que me habías visto porque me empezaste a hacer una seña rara, un gesto cada vez más insistente parecido al que se hace a las avispas cuando se las quiere espantar y miré alrededor y no había más que gente en grupos y nadie te hacía caso o sea que o estabas pirada o aquello iba conmigo, y cuando ya estaba casi delante de ti me paro allí con los zapatos en la alfombra cerquísima de tus pies y quieto, digo: "a ver lo que resiste sin levantar los ojos" y cada vez más angustiado sin atreverme a decirte "Eulalia, por favor, mírame", hasta que por fin muy despacio levantaste la cara y tenías ese mismo gesto contraído que traías antes, el mismo, como si no pudieras soportar que entre tú y el horizonte vacío de la nada se hubiera interpuesto aquella sombra incómoda, fueron sólo unos segundos pero se me cayó el alma a los pies y toda la pena que tenía por lo de Ester se me redobló y me di cuenta de lo importante que es mirarse la gente y que el que te niega la mirada te niega el pan y la sal, y en esto giraste la cabeza bruscamente, la apoyaste contra la pared y te tapaste los ojos con la mano, todo señales inequívocas de fastidio, así que disimulé y me acerqué a la mesa como si hubiera ido a servirme bebida, pero estuve allí un rato apoyado cerca sin resolverme tampoco a irme para que si me querías hablar pudieras hacerlo, porque no sé qué pasa contigo, en eso eres como papá, le estáis pisando a uno la barriga y todavía entran ganas de daros una oportunidad para rectificar, hasta que por fin comprendí que me habías visto de sobra porque miré para ti de reojo y te pillé, aunque cerraste los dedos en seguida, mirándome por entre ellos, y eso ya me hizo gracia, digo: "pero bueno, ésta es como un niño chico". En fin, en esos casos lo último que quieres es molestar, así que te dejé por imposible y me volví a buscar a la niña ésa con la que estaba que es muy tonta pero se me da muy bien y ya tomé las uvas con ella y nos cogimos una sopa fenomenal y amanecimos en un cuarto solos ya por la mañana cuando se había ido casi todo el mundo y la chica llorando que la iban a reñir en su casa, cuando se había estado haciendo todo el rato la progre, y yo no me acordaba de nada, sólo de que tenía una depresión horrible y de que tú no me habías querido mirar y de que ya te habrías ido y hasta con mala conciencia por no haberte preguntado si te encontrabas mal, obsesionado con la cara que me habías puesto, con lo que te pasaría conmigo, ya ves, seguramente me espantaste por puro capricho, porque te dio por ahí. Y hoy, en el avión, me acordaba y aunque luego te he visto un par de veces en casa y has estado simpática, esa imagen de la fiesta era la que se me metía en la cabeza y por mucho que quería borrarla y pensar que aquella noche podías estar bebida o haber contribuido el estarlo un poco yo a atribuirte gestos que tal vez no llegaste a hacer, el caso es que a ratos me arrepentía de venir, sobre todo en Barajas, durante hora y media que hay que esperar el enlace del avión que cogí en Barcelona con el que trae para acá. Ese rato fue el peor porque me dio por acordarme de los consejos de Colette, con repulsa, sí, y con deseos de desafiarla, pero pensando también que buena gana de exponerme a que me recibieras mal como ella había predicho y que total a mí aquí no se me había perdido nada. Claro que tampoco se me ha perdido gran cosa en otro lado, pero en Madrid tengo amigos que no han salido de veraneo y era una tentación estar allí aburrido todo ese tiempo en Barajas, tenía en el bolsillo la llave de casa que estaría vacía y fresca, podía darme una ducha y dormir un rato hasta el atardecer sin más proyectos ni historias ni tener que dar cuentas a nadie de mi rumbo, y lo estaba dudando allí en un sillón medio durmiéndome, hasta que de pronto oigo en los altavoces "Germán Orfila, Germán Orfila", porque se me había ido el santo al cielo de la hora y resulta que mi avión estaba esperando por mí para salir y ya, claro, eché a correr porque eso de que te llamen por un altavoz siempre te sobresalta, fue como un resorte automático, es lo que me decidió. De todas maneras, las cosas hay que hacerlas de un tirón, si no, te vuelves atrás, yo por lo menos soy así, como se me enfríe el primer impulso estoy perdido, así que este viaje con eso de tener que estar renovando la decisión en cada etapa, se me ha hecho larguísimo, y la más trabajosa ha sido la del taxi hasta aquí, no sabes hasta encontrarlo y apalabrarlo, ahí sí que estaba preguntando ya horarios de trenes para volverme a Madrid, y encima hemos tenido un pinchazo con todo el calor y ha tardado el tipo una eternidad en arreglarlo, total ya ves poco más de cien kilómetros, pues lo peor. Papá cuenta de no sé qué profesor vuestro que estuvo una temporada en América con toda la familia y que cuando le preguntaron al volver por el viaje dijo que todo muy bien, que lo peor había sido, al final, un transbordo en Medina del Campo, no te rías, que igual ha sido lo mío. En fin, gracias a que a lo largo de todo el camino, tanto por aire como por tierra, me ha venido manteniendo un estímulo de curiosidad, qué cosa la curiosidad, tú, es lo más fuerte que hay, y no sabes el pío que tengo yo desde siempre con ver esta casa que ya nadie pisa, lo que pasa es que no se terciaba, hasta pensaba que me iba a acordar algo de ella al entrar, pero nada, claro, yo aún no tenía tres años y Marga no existía el último verano que vinimos. Pero no deja de tener cierta importancia en mi vida, ¿sabes que aquí aprendí a hablar?, mamá lo ha dejado escrito en un cuaderno pequeño donde apuntaba cosas de los veraneos; aún no había nacido la niña y escribe ella con mucho entusiasmo: "Estábamos en la huerta y el niño de repente ha dicho «lú», quiere decir «luz», qué bonito que sea esa la primera palabra que ha pronunciado, una alegría mayor no me la podía dar", tengo yo ese cuadernito, te lo enseñaré un día. Ya ves, yo vengo aquí en cierta manera a buscar el rastro de la luz y tú más bien parece que el de las sombras, aunque sabe Dios lo que te habrá movido a ti que, según papá, eres más rara que las monjas. Él se ha quedado con los ojos cuadrados con tu telegrama porque parece que con la abuela estabas reñidísima y luego tanto tiempo sin venir a esta casa, él dice que tú hace más de veinte años, y que la habías aborrecido; bueno la habéis aborrecido los dos, no sé cuántas veces os habremos oído decir, tan pronto a uno como al otro, que por vosotros que se la llevara el diablo. Yo a veces lo he hablado con Marga: "Oye, tendríamos que ir nosotros a ver aquello, a mí me da pena que se hunda" y el año pasado hablamos de fundar aquí una comuna con gente del grupo de ella y había tíos que estaban muy animados, a papá parece que le hizo poca gracia, pero eso habría sido lo de menos, lo peor fue que se rajó la gente y que Marga es más abúlica todavía que yo, además no tenemos los mismos amigos y eso, y a mí venir en el plan que decían ellos me apetecía poco, total que nunca ha pasado de proyecto lo de venir. Para mí este de la abuela ha sido el primer pretexto de fuste, aunque, a ver si me entiendes, es desde luego el que menos puede tener que ver con el argumento de mi propia vida, pero en cambio tiene que ver con la vida de la casa, y yo soy de la opinión que las cosas hay que verlas en su salsa; a mí que se muera una señora de cien años con la que no he tenido apenas tratos me deja en sí bastante indiferente como comprenderás, eso fue lo primero que dijo Colette, naturalmente que no es por la vieja, pero ella cómo lo va a entender si no lo entiendo ni yo mismo, me dijo, claro, y en eso un poco de razón tenía, que a mí quién me llamaba aquí contigo, que lo tuyo era más lógico. Y fue cuando añadió que además era el típico número para protagonizar a solas en plan de primera actriz, dijo que eso estaba muy dentro de tu estilo, no te puede ni ver, oye, desde luego, le sale una antipatía ancestral; y papá se enfadó, riñendo los dejé cuando me vine, le dijo: "Pero, bueno, Eulalia será rara, pero tú ¿qué sabrás de ella?, si te callaras un poco cuánto ganaríamos, no digo todo el día callada, que eso sería pedir ya gollerías, pero a ratitos", pero se lo dijo porque llevan todo el verano tirándose los trastos a la cabeza, a él también no te creas que no le ha chocado tu decisión de venirte de pronto aquí con la abuela, yo digo que más todavía que a Colette, como además en el telegrama no explicabas nada de cómo ni de por qué. Se quedó un rato absorto, no salía de su asombro: "Pero si con la abuela estaba a matar antes del verano, si ya no la iba a ver nunca, ¿qué mosca le habrá picado ahora?" Luego dijo que buena gana de andarle buscando tres pies al gato en las cosas que haces tú, que todas son resultantes del azar que preside tu vida entera, que andas a la deriva y ya se sabe, pero se sonreía: "Ella hace siempre lo que menos se espera — dijo —; habrá sido todo por casualidad".

—Sí, justo, por pura casualidad, te voy a decir por qué: porque me falló una cita. Había quedado con un amigo por Argüelles, pero me dormí a media tarde y salí de casa con tanto retraso que cuando llegué se había ido ya. Por eso, porque me horrorizaba cenar sola y más todavía ponerme a buscar otro plan, después de una tarde de no poder aguantarme a mí misma, con el mal humor con que me había despertado, sudando, rodeada de las guías de teléfonos, medicinas, libros por el suelo y un vaso a medias y colillas, por puro nerviosismo y vacío y calor, ya te cuento, y porque el local donde me había quedado plantada está por aquel barrio, ya sabes donde vive ella; mejor dicho, vivía, pobre mujer, las paredes aquellas no creo que se le vuelvan a caer encima ya nunca. Total antesdeayer, pero si en ese momento, desorientada como estaba allí a la puerta del local de Argüelles, sin saber por qué calle echarme a andar, alguien me hubiera dicho "Mañana estarás otra vez en Louredo", habría dado la espantada a estrellar mi noche contra la pared que fuera con tal de escaparme de la posibilidad de semejante traslado, porque le tengo miedo a esto, desde hace mucho, desde que murió mamá, y aunque no ha dejado de presentárseme a la imaginación muchas veces durante los últimos años como el único viaje irremisible que ya podía hacer en esta vida, rechazaba la irracionalidad de esa premonición y me había propuesto descartar esa idea y resistir su asalto como el de todos los morbos familiares. Este verano se me venía el mundo encima, te lo juro. Ya en abril el médico me había dicho que me tenía que buscar un aliciente distinto de los habituales, que estaba como muerta y que la curación dependía nada más que de mí; apuntó las horas que duermo y alguna otra cosa de las que le decía con ese aire de estar pensando en lo que apuntan con que te dan el pego todos los médicos: "Olvida todo lo que te altere". Como si no supiera él igual que yo que luego llegas a casa y el día tiene doce horas y la noche otras doce, claro que ellos qué van a decir, también le pueden decir a un mendigo anémico para darle de alta como en aquel chiste: "Usted ya puede comer de todo", y desde un punto de vista médico es correcto. Repasé una lista de las cosas que había dicho en enero que tenía que leer sin falta este año — ya ves, la noche que me viste en la fiesta ésa, andaba yo a vueltas con este tipo de propósitos y con el de huir de todo vínculo afectivo, por eso me perturbó verte a ti —; y nada, lo primero que decidí en abril fue no salir de Madrid este verano y ordenar bien mis cajones de papeles y toda la biblioteca. ¡Tantos libros comprados y sin leer, qué agobio, muchos sin abrir siquiera!, pero bueno, a ratos conseguía animarme y convencerme a mí misma de que podía ser un verano muy positivo, como si me diera desde fuera pequeños empujoncitos a mí misma, "otro empujoncito, que te paras, otro", y así, hasta que me di cuenta — bueno, me la he dado muchas veces en mi vida — de lo mentira que es eso, de que por esos métodos es imposible que surja el entusiasmo, que quiere decir "endiosamiento" como sabrás, y para sentirse dios es dentro y no fuera de uno mismo donde tiene que nacer el impulso hacia las cosas y esa capacidad que a veces tenemos de dirigirlas y colocarlas, de jugar con ellas. Los libros, cogidos así por prescripción facultativa, me negaban su fruto, es lógico, rechazaban aquel trato convencional como amigos que protestaran de la desgana con que acudía a buscarlos, me enseñaban una cara indiferente como si me marcaran la distancia: "tú ahí y nosotros aquí, nada de intimidades, qué te has creído"; y tumbada en la cama con uno de ellos en la mano, y esparcidos alrededor encima de la colcha no sé cuántos más que me daban igual que el que había cogido, casi lloraba acordándome de las ganas con que me había hundido en ellos otras veces hasta el punto de llegar a olvidarme de la hora que era, de mis penas, del hambre, de todo; y los miraba ahora con rencor como a simples objetos arrojadizos, pesados, con aristas, destilando hastío sobre mi tarde, sobre mi vida, plomo fundido de hastío igual que cualquiera de los demás objetos de la habitación que me imponían su presencia. En cuantas bibliotecas, cafés, autobuses y butacas de diferentes ciudades he llegado a sentir en mi vida la picadura del endiosamiento con un libro en la mano, mi querido Germán, ya ni me acuerdo. "Descubrir el Mediterráneo" llaman a eso los expertos, los profesores; ¿y qué?, lo llaman descubrir el Mediterráneo porque apuntas cosas apasionadamente en las márgenes del libro y en cuadernitos que llevas en el bolsillo y esas notas, cuando las vuelves a mirar al cabo del tiempo, están frías y ni tú las entiendes, no significan nada, y resulta en cambio que ya hay muchos ensayos y libros de crítica perfectamente editados comentando lo mismo pormenorizadamente, llenos de notas a pie de página; bueno, ¿y qué?, cuando te estás hundiendo en el hallazgo de algo inédito, de verdad es inédito en este momento para ti y lo que añoras luego no es tanto lo que pensaste como aquel placer clandestino de cita irrepetible que produce estar dialogando con un ausente, encontrando uno sólo dentro de sí algo vivo que contestarle al libro, como si de repente le hubieras visto la cara al autor que lo escribió o le hubieras oído la voz y él a ti la tuya. Solamente en lo secreto se toca la divinidad, ese endiosamiento o entusiasmo, como lo quieras llamar, en lo secreto y recóndito, dentro de uno y nunca fuera. Por eso no quería agarrar el coche y largarme a ciento veinte en busca de paraísos por esas carreteras de Dios, que ya lo he hecho demasiadas veces y total para nada. Aguantar sin salir de Madrid me parecía este año algo definitivo para mi salud mental, pocas cosas tenía tan claras como ésta; así que andaba huyendo de la gente a la que veo con frecuencia, esa que más o menos se puede decir que es de tu grupo, aunque los grupos se formen como los ciclones, por caprichos del aire, gente de esa que al preguntarte por tu vida, si hace algún tiempo que no te ve, espera un resumen inmediato de proyectos, todo el futuro enunciado a una semana vista, cuajadito de planes; me entraba vértigo, una especie de horror cada vez que me decían: "¿Y tú qué vas a hacer este verano?, ¿cómo sigues aquí?, ¿adónde vas?". Nos lo venimos preguntando unos a otros cada año más pronto, desde abril, desde febrero, implacablemente, a la primera brisa templada; somos eso: no lo que pensamos ni lo que nos da miedo ni lo que nos preocupa, sino lo que vamos a hacer. Conozco bien ese veneno de los proyectos, esa comezón de echar un tiempo sobre otro, de desbaratar el poco beneficio que la continuidad del invierno empiece a querer dejar; yo también he sido así, antes tenía mucha fe en los proyectos de vacación, de evasión — como se dice ahora —. "Parece que quieres meter la mano en todos los líquidos — decía Andrés — para revolverlos antes de que dejen poso." Pero yo quería arrastrarle conmigo a los viajes, y cuando los hacía sola y volvía sin haber resuelto nada y le encontraba a él escudado en su aparente sosiego, melancólico, apagado y escéptico como siempre, le decía que no sabía vivir y le hacía narraciones brillantes y exaltadas de todo lo que había visto, le encarecía cuánto le había echado de menos, lo cual solía ser verdad, y me irritaba su indiferencia. Cuando las cosas iban mal entre nosotros, me agarraba con afán a la idea del verano, de lo bien que nos iba a sentar cambiar de ambiente: "Ya verás este verano". Siempre buscando el rastro del verano, tratando de renovar los votos de una religión ya gastada, institucionalizada, sin fe, ¡qué empeño! — "¿adónde iremos?" —, buscando en vano el eco que te despiertan los nombres leídos una vez en viejos atlas de geografía, playas, aventuras, el rastro del verano, el olor evaporado de la palabra verano que para los adultos no significa más que coche, pasaporte, dinero, tocadiscos, hotel y sobre todo tregua. Es otro tajo más el veraneo de los que el sistema establecido da a diestro y siniestro para repartir el escaso caudal de nuestras vidas, para hacerlo inofensivo y aventarlo, hay que salir de veraneo, interrumpir, dar largas otra vez. Pero las alimañas ocultas, la noche, la montaña inexplorada, el descubrimiento de una tapia difícil de escalar o de un paisaje nuevo y misterioso, los nombres de las hierbas y las frutas, los títeres del pueblo, el miedo de perderse, todo eso es de la infancia. Y yo, que tenía anclada aquí la mía, sentía este lugar como referencia primaria o punto de origen, arcilla de la que he estado echando mano siempre para moldear cualquier sueño, y sabía cada vez mejor que este viaje, fundamento de todos los asuntos pendientes, era el único viaje que quedaba ya;

pero por otra parte comprendía que no iba a llegar aquí y notar la tierra como mi segunda piel, que era inútil tener ya este lugar por escondite, por aquella jaulita para ponerme a salvo tantas veces antaño valedera, sabía que sólo no viniendo lo podía idealizar y prefería tenerlo de reserva en la mente, buscar por otros sitios.

Así que si alguien me hubiera dicho antesdeayer, parada a la puerta de aquel local de Argüelles, sin saber dónde ir ni qué hacer de mi noche, que la de hoy me iba a caer encima perdida en el monte, sin reconocer ya los perfiles ni siquiera del mismo Tangaraño, me habría emborrachado o drogado, no sé, con tal de no meterme en la boca del lobo, las fauces, el abismo, que así literalmente sentía yo la ruina de esta casa. Volví a entrar en el local porque la calle se me hacía demasiado incómoda — la gente cuánto chilla en algunos barrios, te empujan, no te miran ni te piden perdón — y pensé en telefonear a mi amigo, aunque no era probable que hubiera vuelto a casa, andaría buscando por ahí sitio para cenar, llamando a otros amigos. Había estado con él el día anterior en ese mismo local, un drugstore muy agradable que han abierto hace poco, yo no lo conocía, me llevó él después de un paseo que dimos en su coche por la Casa de Campo, la charla había sido estimulante y divertida y se daba por hecho que teníamos que continuar, pero todo un poco forzado, en el fondo, porque hacía más de dos años que no sabíamos nada uno de otro y a mí de pronto esa tarde me había dado por llamarle; no es que saliera mal la cosa, entiéndeme, ni que no estuviéramos a gusto, es una amistad demasiado antigua y tenemos un lenguaje y unos recuerdos demasiado comunes para que resulte violento reencontrarse, pero esas audacias de naturalidad que me empeño en seguir teniendo con la gente se me hacen algo ridículas cuando las veo como imitaciones de algo que a los veinte años hace uno de otra forma, con agresividad y entereza, sin temer unas consecuencias que, o no se tienen en cuenta, o divierte provocar. El teléfono estaba ocupado; pedí un vino en la barra y, mirando la mesa donde habíamos estado sentados la tarde anterior y donde realmente lo habíamos pasado muy bien, me di cuenta de que si me metía en el juego de echarle de menos y de andarle buscando, me iba a durar toda la noche la ansiedad que me había asaltado desde que me despedí de él ya muy tarde, la que me provocó el insomnio y me llevó a tomar tranquilizantes al otro día y a dormirme cuando menos lo esperaba. No es que me haya importado nunca demasiado de este amigo, aunque en tiempos de la carrera me influía bastante, pero hace tanto tiempo ya; le había llamado por puro aburrimiento, porque andaba repasando el listín de las direcciones telefónicas y al llegar a la C vi Julio Campos y pensé "¿qué habrá sido de éste?", pero luego, nada más verle, me di cuenta de que he dejado de saber lo que piensa de mí y eso me hace perder pie con la gente; al principio no noté nada en su voz, ni sorpresa ni alegría, ni fastidio, él siempre ha sido flemático, dijo: "¿vernos?, bueno, muy bien, así ves el coche nuevo que me acaban de dar, lo he estrenado ayer", nada, como si comiéramos juntos todos los días, y no sé por qué me quedé a disgusto si, conociéndole, no podía esperar que dijera otra cosa, y además me gusta la gente así. Se lo dije luego, cuando nos vimos, que llamar a alguien al cabo de dos años densos de argumento y que no te pida explicaciones de nada ni te sientas en la necesidad de dárselas, me parecía maravilloso; pero mientras se lo decía, le miraba

disimuladamente el perfil, y un gesto que ha tenido él
siempre de humedecerse los labios con la punta de la lengua lo interpretaba como sonrisa de burla y eso me hacía
estar mal, como al acecho, pensaba: "ahora me va a preguntar que eso de los dos años densos de argumento por
qué lo he dicho", pero nada, no me preguntó nada, a lo
mejor ya sabe que me he separado de Andrés. Dimos un
paseo por el Madrid viejo y luego salimos al Viaducto.
En la Cuesta de la Vega, según se baja, hay un muro plagado de balazos, impactos de la guerra del treinta y seis
todavía. "No me digas que no es siniestro — dijo él —
que después de tantos años lo conserven igual y hasta le
hayan puesto su inscripción, pensar que cada uno de esos
agujeros es la huella de un tío que dejaron seco ahí mismo." Yo nunca me había fijado, la verdad es que voy poco
por esos barrios, pero miré por la ventanilla del coche y
allí en el muro hay una leyenda debajo de una escultura
muy retórica de ángeles de hierro aplastados y picudos
que yo le dije a Julio que me recordaban los dibujos de
la revista *Alférez,* una de los años cuarenta. "Ya—dijo—,
fantasmas del pasado, recuerdos de posguerra, siempre
volvemos a lo mismo, pero ya esos recuerdos ni en el café
hacen gracia, empieza porque ya no va habiendo cafés de
los de hablar, sólo sitios de barullo; la guerra es cosa
de los libros, hija mía, la tienen toda fichada los extranje-
ros a base de becas que les da su país; ya verás qué poco
vienen a pedirte a ti que les cantes la Chaparrita." Vimos
atardecer en la Casa de Campo y me pidió que le cantara
la Chaparrita, una canción que todavía estaba vigente,
como la del valiente y leal legionario cuando nosotros empezamos en la Facultad: había sido esa Chaparrita como
la Lilí Marlen de nuestra guerra, una especie de madrina

de guerra mítica con la que los soldados soñaban desde las trincheras. "Menos mal que no han encontrado ese filón los buscadores de la moda «camp» — dijo Julio —, qué pesados se ponen con desenterrar coplas sin saber de qué va"; y yo pensé que es verdad, que la guerra se ha convertido en un tema apagado que ya ni siquiera despierta rebeldía. Al llegar al drugstore estaba algo triste y me gustó el local, me arropaba el jaleo de la gente que entraba y salía sin parar, que se reía, que se besaba, que se daba bromas, y los veía moverse como figuras que se destacasen sobre el fondo de aquella canción que desenrollaba de un modo continuo y maquinal sus palabras en mi cabeza:

> *Chaparrita,*
> *la divina,*
> *la que va muy de mañana*
> *al templo para rezar,*
> *le pide a Dios bueno y santo*
> *que se le lleve en buen hora*
> *a su seno a descansar.*

Me daba miedo estar callada, me ocurre ahora con frecuencia, y le pregunté a Julio, por hablar de algo, que dónde había pasado la guerra él; me dijo que en Lisboa y se puso a hacerme un dibujo de la casa donde había vivido con sus padres cerca de la desembocadura del Tajo, y bebimos, y me contó muchas más cosas, pero yo no podía atender del todo porque seguía sin estar segura de que se encontrase completamente a gusto conmigo, que era en definitiva lo que más me importaba verificar; me consolaba pensando que los jóvenes que entraban buscando sitio posiblemente al mirarnos con las cabezas juntas e inclinadas sobre las rayas que hacía el bolígrafo de Julio dibujando el río Tajo en aquella servilleta de papel, pensarían durante unos segundos que lo estábamos pasando muy bien, tal vez incluso alguno que entrase solo y de mal humor pudiese llegar a envidiarnos; pero sin recurrir a ese truco de imaginar la envidia de los demás, era incapaz de entregarme con confianza a aquella situación. Luego ya bebimos más y estuvimos en otros sitios y se me pasaron esas preocupaciones porque Julio estaba muy simpático y charlatán, me dijo al despedirse que le llamara cuando quisiera, y a la mañana siguiente mismo, como no había dormido nada, le llamé porque a veces da angustia que el nuevo día se ponga a acarrear, nada más cuajarse, materiales de repuesto que arrinconen y hagan inoperantes las escenas que te han coloreado un poco la vida el día anterior, se ve todo tan fugaz y tan casual que parece que no ha existido. Y yo aquel encuentro quería fijarlo de alguna manera, porque últimamente necesito encontrarle sentido a lo que hago, me hace daño la inconexión de que veo teñidas todas las cosas, el poco asiento que toman en mi mente; y algo de esto quería decirle precisamente a Julio, porque al final de la noche había hablado bien con él y me parecía favorablemente dispuesto hacia mí, incluso en algún momento le había descubierto una punta de la admiración que me tuvo cuando éramos estudiantes, quería darle las gracias por la compañía que me había hecho o algo así, volver a hablarle para saber que de verdad había estado con él, pero lo decidía y me arrepentía de haberlo decidido, marcaba tres números y colgaba, pensaba la frase más natural "quería oírte la voz" o "¿verdad que estuvimos a gusto anoche?", pero luego, al final, sólo fui capaz de pedirle disculpas porque me pareció que le había despertado y, aunque quedamos para vernos otra vez por la tarde, me quedé cohibida — "para qué le habré llamado tan pronto, no sé qué se va a creer" — y ya todo el día intranquila, sin poder conciliar el sueño ni quitarme aquella desazón tonta, hasta que a mediodía tomé los tranquilizantes para no estar nerviosa cuando le viera, y es cuando luego me dormí. Así que a la contrariedad de que se hubiera malogrado la cita se añadía un retorno a las indecisiones de la mañana, es decir, ni me decidía a llamarle por teléfono ni me dejaba de decidir. No ser capaz de averiguar las ganas con que habría acudido a la cita ni el tiempo que me habría esperado ni el estado de ánimo en que habría abandonado el local eran ingredientes mucho más fundamentales para mi incomodidad que la simple curiosidad por conocer su paradero. Pero cuando se quedó libre la cabina del teléfono, ya había visto claramente que sería un enorme error intentar localizarle; seguramente no estaría en casa, pero, además, si le llegaba a encontrar, a saber por dónde tendría el capricho de desaguar mi malestar de todo el día, es lo bueno que tiene conocerse uno un poco a sí mismo, seguro que acababa soltándole un rosario de problemas personales y hasta puede que preguntándole que qué pensaba de mí y que si me encontraba estropeada, y eso, vamos, es lo último, me espantó la idea, comprendí que se me avecinaban humores incontrolables y me dije: "fuera, Julio no existe", así que pagué el vino y salí huyendo calle abajo como si hubiera visto un abismo, y cuando te escapas de un abismo, cómo vas a pensar que te metes en otro.

No se me ocurrió pensarlo siquiera cuando me vi justo delante del portal de casa de la abuela y noté que me paraba y me quedaba un rato mirando el cuarenta y tres de la puerta como una clave descifrada de improviso, ni cuando ya estaba sin saber cómo entrando y pidiéndole la llave a la portera y oyendo cómo me decía ella que pobre doña Matilde, que menos mal que veníamos a verla alguno, con lo malita que andaba, no, nada de abismo, al contrario, que había hecho muy bien es lo que pensaba, y luego en el ascensor de cristalitos esmerilados, sentada en el banco estrecho de terciopelo, qué alivio, era como un arrullo ese ruidito tan típico que hace al rozar la puerta en cada piso y el ritmo lentísimo con que sube, un sedante para los nervios.

"Por fin has llegado, ¡vamos!", me dijo en cuanto entré. Fue oír la puerta, incorporarse y ponerse a palpar cosas a los pies de la enorme cama. "Vamos, pasa, pasa — repetía —, nos tenemos que ir." Tenía llena la cama de ropas en desorden, como si hubiera estado tratando varias veces de hacer un equipaje. Casi no se la veía a ella, tan flaca, manipulando entre aquellos revoltijos. "Vamos, ayúdame, no sobra tanto tiempo. Quiero volver allá, ya sabes." La puerta está lejos de su cama, tenía poca luz y además no me había mirado ni podía esperarme. Si no es por lo de la cita, de dónde se me iba a ocurrir a mí pasarme a visitarla con lo deprimida que estoy todo el verano y la manía que me había tomado ella últimamente; ni sabía que hubiera empeorado ni nada de su vida desde la última vez, por marzo sería, cuando rompió en dos el bastón de bambú y me echó con cajas destempladas insultándome a gritos por el hueco de la escalera, tanto que me asusté y desde allí mismo fui directamente a contárselo a tu padre por si entre los dos tomábamos una determinación. Estaba muy ocupado y me hizo poco caso, dijo que a los viejos hay que dejarlos en paz y que no me quisiera meter a redentora como siempre, que a él también le insultaba como a cualquiera que apareciera por allí y sin saber siquiera si se estaba dirigiendo a vivos o a muertos. "Pues eso es lo grave — le dije yo —, que no sabe a quien habla." Pero él se empeñaba en quitarle importancia, un poco porque debía tener prisa y también porque pasa siempre así con los asuntos de la abuela, nos negamos a coincidir: otras veces soy yo la que le digo que es un exagerado cuando me viene con algún problema y quiere echarme el peso a mí para quitárselo él de encima; nada, el primero que se ha encontrado con el problema, ése que lo rumíe y apeche con él, el otro no quiere saber nada. Así que dijo que era cosa de su temperamento, que desde la muerte de Paulina, aquella vitalidad condenada tenía que buscar cauces de desahogo por donde fuera. "Le pasa, en el fondo, igual que a ti — me dijo —, que necesitáis inventaros una actividad para dominar a alguien, sólo que a ella, la pobre, ya no le cuadra más que pegar gritos." Sabe perfectamente que lo que más me puede fastidiar es que me compare con la abuela, seguramente porque de verdad me parezco un poco a ella y me molesta parecerme, por lo que sea, pero le dije "mira que tienes mala leche, pero has dado en el clavo, porque ahora mismo me parezco a la abuela en las ganas que me darían, si tuviera un bastón de bambú, de rompértelo en la cabeza". Acabó echándome porque tenía mucha gente en la antesala, pero al mismo tiempo invitándome a comer para el día siguiente, y ya salió con una majadería que no pude soportar, que Colette se pondría también muy contenta. "Mira, déjame en paz — le dije —, ya estamos más vistos que el *tebeo* para que me vengas con frases de cumplido, prefiero mil veces que me llames hija de Satanás", porque de sobra

79

se sabe que Colette a mí no me puede ver, lo traen los manuales; y cumplidos Germán conmigo, eso no, es lo único que me debe, no se los aguanto. Conque precisamente ese día, mitad por rabieta y mitad por hartazgo, volví a tomar una vieja decisión, la de romper con lazos familiares para *in eternum*. "Se acabó — me dije en cuanto salí de allí —, se acabaron todos. Parientes y trastos viejos, pocos y lejos"; como si se pudiera, pero en fin, por lo menos esa vez me lo tomé más en serio que otras, hasta antesdeayer. Así que, fíjate, de no haber sido por lo rodado que vino todo, por la cita fallida, por encontrarme de pronto, después de los nervios y el calor de todo el día cuando no sabía dónde irme a caer muerta, delante del portal fresco y oscuro con su cuarenta y tres dorado encima, en uno de esos momentos en que las únicas raíces posibles remiten a la infancia, cómo se me iba a haber ocurrido subir a verla otra vez después de lo del bastón y, sobre todo, que es a lo que voy, cómo entiendes tú que ella me fuera a estar esperando. Pues nada, a pesar de eso era posible y no pude dudar que se estuviera dirigiendo precisamente a mí. No había yo pronunciado una palabra, ni ella ve apenas, ni me había mirado tampoco, ni dijo mi nombre, pero me hablaba a mí. Lo acepté porque era una evidencia demasiado clara para que pudiera extrañar, por la simple razón de que aquel mensaje solamente yo en el mundo habría sido capaz de entenderlo. "Hay que disponerlo todo, ¿has entendido?, ¡volver allí!", y como no le contestaba, la voz la tenía cada vez más alterada y nerviosa, pensé que estaba a punto de sufrir un ataque de ira de los suyos. Avancé hacia la cama totalmente serena y decidida; sentía que era como si me quitaran una piedra atravesada impidiéndome durante años la entrada del aire libre, obturándome los sueños, aplastándome los deseos. Y así, aunque el desorden de la habitación, su olor a cerrado y a medicina, los diferentes huecos dejados en el colchón por un cuerpo que se ha debatido en soledad, me evocasèn mis propias zozobras y exasperaciones, germinadas entre las cuatro paredes del cuarto que acababa de abandonar y la comparación tendiera a ampliarse disparando mi imagen a cincuenta años de distancia con lo cual se volvía mío propio aquel enconado envejecer que estaba presenciando y que iba a dar en la mar que es el morir, lo cierto es que había recibido también al mismo tiempo con sus palabras, cuando me hacían ese encargo postrero, una especie de talismán contra el asalto de la incertidumbre, y de pronto respiraba bien y me sentía el cuerpo y notaba la firmeza del suelo debajo de mis pies. Así que le dije con una voz clara y segura: "Sí, he entendido, abuela"; y cuando se lo dije, ya junto a los pies de su cama, apoyada en aquella gran barandilla de hierro dorado, levantó los ojos, me miró y, te lo juro, es la mirada más seria que he recibido, aquí metida la tengo ya para siempre; era horrible saber — porque lo sentías — que unos ojos que casi no ven están abarcando, sin embargo, como desde la cresta de una ola, ese momento y todo lo de muy atrás a él y lo de muy después, conteniéndome a mí en una situación semejante a aquella, y también a ti, y a los hijos de tus hijos, nadie habría podido ver tanto ni tan allá. Se quedó así un poco con las manos en el aire, cogiendo una de aquellas prendas oscuras, y yo me senté en la cama y empecé a doblar ropas y a apartarlas, y entre el revoltijo me topaba con sus manos, qué frías las tenía y qué duras, como garras de gavilán. Se las acaricié. "Anda, deja — le decía —, no te preocupes, el equipaje lo haré yo." Y entonces se puso a llorar y a darme muchos encargos, relacionados casi todos con el acarreo del baúl y con una especie de inventario apresurado e incoherente de su contenido, y en medio de aquellos recados no hacía más que repetir como una salmodia: "Ha llegado la hora, ¿sabes?, ha llegado la hora". Fue cuando bajé a participarle a la portera que nos íbamos y a pedirle que subiera un rato mientras yo salía a contratar la ambulancia y a poneros el telegrama a vosotros.

G. Dos.

—Sí, lo abrí yo. Marga no había dormido en casa y Colette y papá estaban en Gerona, porque no paran. Yo no lo entiendo, la verdad, que un veraneo consista en estar todo el día yendo de compras a Gerona y Barcelona para volver cargados de quitasoles, mosaicos de colorines, limpiafondos para la piscina, muestras de tela y bidés, no te rías, no, traen cosas más absurdas que bidés muchas veces. Y lo peor es que vienen indefectiblemente de mala uva; sacan las cosas del coche, dicen que vienen rotos, lo dejan todo allí por el medio, ya aburridos de las compras, y acto seguido a ducharse y a largarse a casa de amigos o al club a cenar. Pero al día siguiente, que es lo que no se entiende, ya se les han ocurrido nuevos pretextos para quemar caucho. Papá yo creo que a veces se quedaría a gusto leyendo o escuchando música en la terraza de arriba, que suele ser su refugio, pero es que, claro, en una casa así, con obras continuas y con Colette por el medio no se puede parar. De ella es tontería soñar que vas a poder zafarte como no esté durmiendo la siesta; yo no he visto un ser que dé tanta noticia de su presencia, emite culebrillas continuas de fluido. En cuanto abre los ojos, ya está, el rayo que no cesa, que dónde me han dejado esto, que quién ha roto lo otro, porque la cuestión está en echarle siempre la culpa a alguien; asuntos infinitos, puro bizantinismo tejido en torno al mundo de lo práctico, ramificaciones de sus inventos de persona ociosa: que los operarios tardan siglos en venir, que no puede ver tanto chisme por el medio, que las criadas son muy burras y se cargan los aparatos eléctricos, claro, no me extraña, son cosas tan complicadas las que compra que cómo va a entenderlas y saberlas manejar una chica del Panadés, hay que ser de la I.B.M., y venga a taconear y a dar vueltas y voces y portazos; lo que más repite es que le duele la cabeza y que a los niños no los aguanta; ellos son inaguantables, en eso le doy la razón, pero ya me dirás cómo van a ser: si un niño nota que está estorbando desde que ha nacido, pues a estorbar más todavía, es lógico, y a inventar capricho tras capricho. Total, que acaban desapareciendo para olvidarse de la casa y de las obras sin fin que vienen discurriendo desde hace cuatro años, quebraderos de cabeza en tonto, ganas de enredar y sobre todo de sufrir, ya te digo. Porque a mí me parece muy bien que cada cual juegue a lo que le dé la gana, pero por lo menos que se diviertan, como le decía yo a Marga la otra noche, que se diviertan, coño, que no se pasen el día ahogados en el miniconflicto de lujo, que les podamos ver otra cara cuando nos los topemos y que algún día se oigan risas y coplas por la casa, en vez de frases de vinagre; es lo menos que se les puede pedir, tú, que llevan así cuatro veranos con los dichosos arreglos. Y luego para qué, a fuerza de querer tener lo más moderno, se les pone anticuado antes que lo coloquen y no llegan a disfrutar con gusto de nada. Las reformas que quedan pendientes en septiembre, al verano siguiente las han pensado ya de otra manera, y venga a almacenar trastos inservibles en el pabellón del jardín, que no veas para acomodarlo, está aquello tupido, pero por si acaso, mejor no tirar nada; Colette siempre dice lo mismo "por si acaso", pero ¿por si acaso qué?, si tienen previstos y cubiertos todos los acasos, en fin, de pesadilla. Y encima este año es peor porque a papá se le ve que desde que ha comprado el yate se ha aburrido ya de las reformas, le da igual, ya sabes cómo es él cuando se cansa de una cosa, le sigue la corriente a Colette, pero ya por cumplir, por el miedo que le tiene, de ilusión por la casa ya ni gota, eso está clarísimo, y ella lo nota más que yo, así que no quieras sabes las histerias que le entran, porque ella sin papá no es nadie, un actor sin público, se acabó Colette; de verdad, si él se desentiende y le empieza a decir a todo que sí, que amén jesús, se le seca el magín al no tener con quien discutir, porque lo que le divierte es discutir, encontrar enemigo, es lo único que la anima a discurrir lo poquito que discurre, necesita bronca, qué quieres, la bronca la embellece. Y este año es terrible el acoso que viene desplegando a la desesperada, tienen que dejarlo terminado todo, pero juntos, los dos juntos, y con la misma ilusión con que lo empezaron, discutiendo detalle por detalle, no le deja vivir. Papá ya el otro día le cortó: "Pero, mujer, Colette, qué prisa te corre, ¿no ves que cuando termines con esto te tendrás que buscar otro juguete?"; ¡uh!, nunca se lo hubiera dicho, ¡juguete!, que cómo se atrevía a llamar juguete a tanto trabajo y tantas horas consumidas en él; y papá entonces dijo que pocas obras habría en el mundo, por no decir ninguna, que hubieran dejado de ser un juguete para quienes las inventaron y llevaron a cabo, pero que dentro de eso algunas se justificaban más que otras en nombre del bien que pudieran aportar a la humanidad. "Es una cosa que no tiene vuelta de hoja, ¿no?, y en esa escala de valores no me irás a decir que estamos construyendo el hospital de San Carlos ni el puente sobre el río Kwai"; lo dijo como para sí mismo, con amargura, no era siquiera un ataque para enfadar a Colette, y ahí noté que es bastante consciente a veces del círculo vicioso en que viven. Todo el mundo les dice que qué sueño de casa, realmente la casa es una maravilla, de acuerdo, pero una maravilla ¿para quién?; ellos no son capaces de disfrutarla, los niños para qué te cuento, se pasan todo el tiempo fuera con la señorita, cuantas más horas y más lejos, mejor, no sé si por los niños o por la señorita, porque Colette tiene celos de todas las que entran, aunque sean más feas que Drácula, y esos niños cambian de señorita como de camisa, y luego, cuando los pobres vienen "no toques esto", "no toques lo otro", "parecéis gitanos", que son ganas de enfatizar decir que esos niños parecen gitanos, si les van a sacar brillo de tanto lavarlos, pero en fin, eso es lo que les dicen para quitárselos de en medio. Conque a ver, no van a creer — y en esto papá se engaña menos que nadie — que nos están alegrando la vida a Marga ni a mí con poner una casa de película en la Costa Brava; ella se tira horas y horas con su pandilla metida en el chalet viejo de unos italianos que viven en comuna a cuatro kilómetros del pueblo y cuando aparece a comer abre la boca menos que yo todavía, y lo que es de mí no van a esperar el aliciente: el año pasado sólo fui unos días en septiembre y ahora, cuando vino tu telegrama, acababa de llegar hace una semana de Londres y, como has visto, estaba deseando que cayera un pretexto para volverme a largar.

Aunque no es justo decirlo así, la verdad es que no me hubiera valido un pretexto cualquiera, no sé cómo decirte. Precisamente anoche estuve hasta el amanecer hablando de esto con Pablo, un amigo mío, de lo aburrido que es ir a los sitios por ir y cambiar de postura por cambiar. ¿Qué hora es?..., sí, justo, fíjate qué casualidad, más o menos a estas horas empezamos a enrollarnos; estábamos en una boîte bebiendo y bailando con un grupo de gente, Marga andaba también por allí, y yo de repente le digo a ése: "Oye, Pablo, me largo, tengo calor y no aguanto las luces estas, ciao", dice: "¿Te vas a casa?", digo: "No, por ahí", y me fui a la playa. Hacía una noche impresionante, me acordaba de cuando era pequeño, de cómo me gustaba entonces mirar las constelaciones, y fíjate, me acordé de ti, de una vez que me dormí encima de tu regazo en la terraza de aquel chalet de Torrelodones, tú estabas fumando y me acariciabas la cabeza mientras hablabas con papá de coger una institutriz, una escena completamente olvidada, ya ves, del año en que murió mamá, me la trajeron las estrellas, porque aquella noche también estuve mirando las estrellas con los ojos muy abiertos hasta que empecé a cerrarlos a ratitos, a dormirme de puro gusto de sentir tus manos en mi pelo, creo que al año siguiente debió venir Colette, porque primero estuvo aquella Alice feíta que era un cielo; esto de los recuerdos que saltan así de pronto es un regalo, es como volverse a encontrar un objeto perdido que en el reencuentro parece que brilla más que cuando lo tenías y no te dabas cuenta. Y estaba tan metido en esa escena del chalet de Torrelodones, pensando que por mucho que haya cambiado todo, las estrellas por lo menos son las mismas, que no sentí venir a Pablo y me asusté, oye en serio, separé la cabeza de una roca donde la tenía apoyada como si la levantara de tu propio regazo sobresaltado por una pesadilla; y es que Pablo se había hartado también del plan de allí y me andaba buscando, pero me debió ver unos ojos tan raros que le tuve que contar que me estaba acordando de cosas de cuando era pequeño, y me puse a hablarle de ti con una especie de fascinación, porque es que además había bebido mucho, y le digo (palabra, oye, que me muera ahora mismo si no es verdad): "Es posiblemente la única persona en el mundo por la que yo me movería en este momento para hacer un viaje"; y dice Pablo: "Pero si yo no sabía que tu padre tuviera una hermana, nunca viene por aquí", y le conté que no te llevas bien con Colette y eso, y que además yo tampoco te veo casi nunca, que eres muy especial y se sabe pocas veces por donde andas. Y me dice Pablo: "Pues, chico, no sabes lo que tienes si puedes echar mano, aunque sea en sueños, de un estímulo para moverte, sea tu tía Eulalia o sea la cruzada contra los albigenses, porque lo que es yo no encuentro ninguno por más que me ponga de codos a imaginarlo". Y ya nos pusimos a hablar de eso, de lo difícil que es tener entusiasmo por algo, notar ese fluido que te une a las cosas y te hace sentirlas tuyas, como cosa de tu cuerpo, incorporarlas, que ya la palabra lo dice. Más o menos lo que estabas explicando tú antes de cuando se pone uno a leer un libro con ganas; cuando te estaba oyendo me parecía que era la misma conversación de anoche que seguía. ¡Qué pena que no se animara Pablo a venir!, y fíjate, estuvo a punto, claro que ya la conversación no habría sido esta misma que tenemos, ni mejor ni peor, habría sido simplemente otra, pero pienso que le hubiera gustado enterarse de que entusiasmo quiere decir endiosamiento, siempre anda a vueltas con las etimologías, a lo mejor lo sabe, aunque no creo, me lo habría dicho. Pues que no salió a relucir veces anoche la palabra entusiasmo en lo que estuvimos hablando, endiosamiento, claro. Él decía que, en el fondo, lo que se busca es como un arranque para agarrar la batuta de las cosas que vas haciendo, que necesitas verles el hilo que las traiga hasta ti de donde sea, la relación, el proceso, es decir que no sean todo acontecimientos aislados, chispas brillando y apagándose cada cual por su cuenta. Había bebido mucho, pero si vieras qué bien habla, es un tío listísimo, qué pasión le echa a hablar, dice que es lo único que hay, lo único que diferencia a un hombre de un animal, hablar cuando se puede, cuando viene bien traído como anoche venía, de lo que se tercie, aunque sea de que no vale la pena hablar. "No te entrará sueño, ¿verdad?", me decía al principio, pero luego me lo dejó de preguntar porque notaba muy bien que me estaba dando por el gusto, se nos pasó la noche en un soplo, oye, con esos temas del entusiasmo y del hilo, y de vez en cuando también contándonos alguna cosa personal, por ejemplo le estuve hablando de Ester, pero eso menos, más bien fue rollo teórico. Que tenemos perdido el hilo, ése era el estribillo fundamental; se emocionaba con haber descubierto esa verdad que le parecía tan básica, y cuando la conversación languidecía, repetía la palabra casi a secas: "Eso, Germán, el hilo, es eso, el hilo, en el hilo está todo, ¿no te parece?", como si tuviera miedo de que al dejar de pronunciarla se le escapara la posibilidad de agarrar realmente algún cabo de hilo fundamental para nuestras vidas; y yo: "Sí, claro, el hilo", recogiéndole la palabra y metiéndola en la frase siguiente mía, aunque no viniera demasiado a propósito, como una piedrecita blanca de las que dejó de señal Pulgarcito para no perder el camino, porque había acabado por entender que él me lo encargaba así, y al final casi se materializó la tarea, y era exactamente igual, te lo aseguro, que estar agarrando entre los dos un hilo cada uno por el cabo que el otro le largaba "toma hilo, dame hilo", de verdad completamente así, era

tejer. Se lo dije, y le hizo mucha gracia, que era igual que
estar tejiendo algo en común con aquel fonema que salía
y volvía a salir, a tientas, sin saber qué dibujo se está
componiendo en la tela ni de qué color es el bordado; eso
fue ya al final, muy borrachos, en una taberna del puerto
que la abren temprano, viendo cuajarse el sol del día siguiente, vamos, de hoy, y con una resaca que ni saliva
teníamos, pero sin darnos por vencidos de sacar algo en
limpio tirando del hilo que se había encontrado a base
de hablar de aquello del hilo, y que yo le decía que lo
veía de color malva, que no podía ser de otro color; y él
seguía: "que no, si el color del hilo da lo mismo, no tiene
color, se trata de sentir por qué y por dónde están pega-
das unas cosas con otras, de que digas: pues mira, lo entiendo, a esto le cojo el hilo, y entonces es igual cometer
un crimen pasional que ponerse a cuidar ancianitos o a
deshojar flores en un prado, la cuestión está en poder
decir: hago esto en vez de aquello porque lo elijo, porque tiro de un hilo que me relaciona con ello y con el
señor que yo era antes de quererlo hacer; eso sobre todo,
¿no?, aunque sean las cosas más dispares, entender que
a través de hacerlas no se quiebra la persona ni se pierde".
Y en esto tiene razón Pablo, no importa que estuviera
algo borracho, tiene razón, lo importante es poder elegir.
Ahora los alicientes te los inventa la sociedad, montones,
pero de tantos como hay se te ha perdido el principal, el
de elegir una cosa porque guste más que otra. Y es andar
como por una nebulosa, entre pretextos que te arrastran
de un lado para otro sin que hayas tenido tú arte ni parte
en la decisión, pretextos es lo que no falta, te los encuentras a patadas y más gente rica y mimada como nosotros, venga, de hippy a Marruecos o a ligar una chica

y llevársela dos días por ahí, o a hacer de progre, lo que sea, pero lo malo es que te da igual un empujón que otro, así no hay viaje que valga, ni te crees lo que te pasa ni te alimenta, así que para qué tantas imágenes pasando si ninguna te arraiga, puro caleidoscopio, círculos, volutas, abalorios sin enhebrar, luces que se encienden y tú allí, como en el cine, sin intervenir; fascinante de momento, pero a la larga cansa. Yo he llegado de Londres hace poco, ya te digo, y sitios donde largarme para no aguantar a papá y a Colette los encuentro a manta, y me dirían: "Bueno, pues adiós, que te diviertas", como a Pablo, para él menos problema todavía porque su familia apalea el dinero, millones, no sé, y encima se lo dan sin tasa, así que ése ni adiós tiene que decir, ya están acostumbrados. No veas en la de sitios que ha estado ya con veinticinco años que tiene; esta primavera se largó a Indonesia con la idea de hacer cine, pero anoche me decía que es imposible sacar en cine la vida que lleva allí la gente en Bali, por ejemplo, que lo que más le llamó la atención es un ritmo interior especial que tienen, cosa del alma de ellos y que eso cómo va a salir en el cine, no tiene nada que ver con el cine, un aliciente raro en que vive metida toda la colectividad; los niños ya lo traen en la sangre desde pequeños o se les contagia, inventando sus juegos y comiendo a la hora que les da la gana sin que nadie intervenga, y luego, en cuanto crecen, se meten en una serie de labores que no tienen que ver con utilidad práctica ninguna porque el dinero propiamente no existe, es más bien cosa de comunicarse con los dioses por medio del trabajo; dice que a lo mejor se pasan dos semanas haciendo un ex voto tejido con palma y flores de un tamaño enorme, una especie de templete siempre distinto, allí horas y horas embebidos en esa virguería los hombres, los niños y las mujeres, poniendo cada cual su detalle al invento que queda como de museo, pero allí de museos nada, lo cogen, se llegan hasta el mar y lo echan a las olas con toda solemnidad para aplacar a los dioses del mal o como homenaje a los del bien, lo que sea, las razones pertenecen a su texto, a su conversación con los dioses, pero decía Pablo que lo que se ve desde fuera es que les paga el mirar flotar aquel chisme mucho más que a nosotros ganar dinero con las inmobiliarias y los puentes; absortos, embriagados todo el día, atentos a no quebrar el hilo con los dioses, como que todas las religiones tienen mucho que ver con el hilo, religare es volver a atar, vamos, me lo ha dicho ayer Pablo, yo no lo sabía; y cómo no les van a salir maravillas, a base de endiosamiento, de entusiasmo, claro. Y oyendo a Pablo, se nos había olvidado hasta el frío de la playa, le brillaban los ojos y movía las manos continuamente y le digo: "oye, qué entusiasmo le echas a eso, lo que no entiendo es por qué no te quedaste allí" y dice: "tú estás loco, lo que me entusiasma es contártelo, convertirlo en historia esta noche para que se la lleve el mar después de oírla tú como se lleva los templetes de Bali, ¿o no?, ¿o no es nuestro esto que estamos hablando y cómo lo estamos bordando en la noche que hace hoy, en nuestra tela, en nuestro texto? A esto le cojo el hilo, pero yo allí con aquella gente no tenía nada que ver, aprender a tejer palma hubiera sido una afectación, no creo en sus dioses, qué más quisiera, ni en nada, aunque sí, en esto de hablar con los demás cuando se tercia sí creo un poco". Y ya te digo, sacamos en consecuencia que las cosas son inseparables de tu relación con ellas, del calor con que las miras y te las explicas, y que se metería uno en los mayores líos, en la boca del mismísimo infierno en busca de motivos para tomarse con calor una cosa. Y con esto pasamos la noche en blanco, la de hoy es la segunda, menos mal que he dormido un poco en los dos tramos de avión, y ya a eso de las ocho de la mañana en la taberna ésa del puerto donde estábamos desayunando y viendo cómo se levantaba el día, le digo a Pablo, después de un rato que llevábamos sin hablar: "Oye, ¿no estás cansado?, a mí me duele la cabeza, la tengo como en blanco, vente a casa y nos damos una ducha y nos acostamos", dice: "Vale"; llegamos y nada más entrar veo el telegrama allí encima de la bandeja del salón, lo miro desde la puerta extrañado yo mismo de que me llamara tanto la atención un papelito azul, de que casi se me hubiera cortado la respiración y le digo a la chica que estaba barriendo: "¿Y ese telegrama?", y me dice ella: "Pues nada, un telegrama, ya lo ve, qué quiere que le diga", entro, lo cojo: "familia Orfila", o sea que no era asunto del despacho de papá, y le digo: "No, lo que pregunto es por qué no lo han abierto". "Es que vino ayer — dice ella — y no estaban ustedes ninguno", y yo, nada, ya cada vez más seguro de que traía alguna noticia especial, le digo: "¿Y cómo no se lo subes a papá a su cuarto?". "Pues porque no están, salieron ayer y a la noche avisaron que se quedaban en Gerona en una fiesta" "¿Y no dijeron más?" "Nada, que besos a los niños, pero supongo que la señora no tardará porque tiene la masajista", y entonces ya me cabreé y empecé a decir pestes de la familia y del verano y de la manía de hacer casas para nadie cuando hay tanta gente que no tiene donde vivir, todo sin dejar de mirar el telegrama, y va y me dice Pablo: "Pero bueno, no desquicies las cosas ni te pongas ahora en plan de justicia social, ábrelo si tanto te intriga y en paz, familia Orfila eres también tú, ¿no?"; lo abro y le digo: "Mi bisabuela que se muere, subo a coger un maletín, ¿te vienes conmigo a Galicia?", no lo dudé ni un momento, oye, pero completamente espabilado de repente y notando mientras subía las escaleras que aquello sí que era decidir una cosa, que aquel aliciente que habíamos estado añorando durante toda la noche lo tenía metido en la sangre desde que había visto tu nombre escrito a máquina allí en aquel papel y me parecía lógico además, lo más natural del mundo, que se rematasen así mis recuerdos de hacía unas horas en la playa, saber dónde estabas y poderte venir a ver a este sitio tan irreal y misterioso para mí, y de pronto todo lo hacía con una ilusión increíble, ducharme, coger una camisa, sacar el maletín, reconocer los objetos de mi cuarto, ver allí a Pablo que me miraba tumbado en la cama, hablar con él, todo me parecía distinto. Era en la voz, por lo visto, en lo que más se me notaba, en que se me había puesto otra voz, eso no lo puede notar uno mismo, claro, pero me lo dijo luego él: "¡Jo, vaya moral!, te sale ahora una voz espabiladísima, a cualquiera que se le diga que no has dormido no se lo cree, yo no puedo ni hablar ya, oye". Me lo dijo ya camino de Barcelona, porque me acompañó él a ver qué avión podía alcanzar para hacer transbordo en Madrid, a ciento cincuenta en su deportivo, un encanto, se portó genial, si no es por él no llego; y ya te he dicho que estuvo incluso dudando si venir también o no, pero luego decidió que este viaje era cosa de mi hilo, no del suyo, que a él aquella noticia no le había barrido, como a mí, el cansancio de la noche en blanco ni le había revivido la voz ni espoleado las ideas, al contrario, al final ya casi eran sólo monosílabos lo que decía. Bien es verdad que yo tampoco le dejaba meter baza, estaba muerto el pobre, creo que ni me atendía, me puse pesadísimo, ahora me doy cuenta, qué rollo le solté, historias tuyas y de mamá y de cómo me imaginaba yo este sitio y de por qué habíais ido aborreciendo la casa, se vuelve uno egoísta cuando está de buen humor, ¿no te pasa a ti?, te olvidas de que tienes a otro tío allí al lado y de que igual no le importa un bledo lo que le estás diciendo. "Se va a alegrar — le decía —, se va a alegrar ella de verme aparecer", y él no me contestaba nada, sólo a lo último, ya en el aeropuerto cuando nos despedimos, me dijo: "Bueno, ojalá sea verdad que te reciben tan bien, no vaya a ser que tenga razón tu madrastra". ¡Ah!, porque no te he dicho que nos los encontramos a ellos al salir, que volvían de Gerona, y les expliqué la cosa, claro, y salta Colette: "¿Pero cómo?, ¿que te largas allá? ¿Estás loco?", y yo sin hacerle maldito el caso, preguntándole a papá que si no se animaba a venirse conmigo, y ella dale que te pego: "¿Pero no comprendes que lo primero que va a hacer Eulalia en cuanto vea aparecer a cualquiera por allí va a ser ponerle cara de perro?, también son ganas, a ella le gusta hacer de protagonista solitaria, tantos años y todavía no la conocéis". Y papá, a lo primero de ver el telegrama había dicho que no se explicaba tu ventolera, que eras incomprensible y patatín, lo que te conté antes, pero luego en cambio que se metiera Colette ya le molestó y se enzarzaron a discutir uno con otro en un tono cada vez más agrio, y Pablo poniendo cara de equis, y yo ya harto le digo a papá: "Bueno, oye, decide lo que sea, porque yo en este plan el avión lo pierdo seguro, si te vienes te tienes que dar prisa". Y me mira, ya sabes que él últimamente mira pocas veces a la cara, pues me miró y dice: "Para arranques como ése hay que tener tu edad o ser de la madera de Eulalia, dale un abrazo de mi parte", y yo, un poco confuso por el tono como solemne que le había dado a la cosa, no sabía qué decir. "O sea — le digo —, que no vienes." Y dice: "No, pero haces bien en ir tú, te lo agradezco", que estuve a punto de decirle que no me tenía que agradecer nada, que yo no lo hacía por él, pero no fui capaz de darle ese corte porque se le había puesto una voz humilde, por raro que te parezca, y sacó la cartera y que si necesitaba dinero, porque todo lo arreglan a base de dinero, con los niños pequeños hacen igual, y Colette sin dejar de rezongar cuando me lo daba. Y ya me despido, habíamos subido al coche y lo estaba poniendo en marcha Pablo, comentándole yo que qué pesadez de familia porque les veíamos por los gestos que se habían vuelto a poner a reñir, cuando veo a papá que viene hacia nosotros corriendo, Colette allí parada sin perderle ojo. "Vaya, ¿qué querrá ahora?"; bajé la ventanilla: "¿Qué pasa?, ¿quieres algo?", y no contestó en seguida, no sé si es que me notó impaciente, luego dijo en voz bastante baja: "Sí, verás, es que me gustaría, ya que vas, que decidierais algo sobre Juana. Dile a Eulalia que no vuelva a Madrid sin decidir lo que sea, que a mí todo lo que ella piense me parecerá bien; pero además que lo hable contigo, hazme el favor, ¿sí?". Le digo: "Pero ¿hablar qué?, ¿de qué se trata?", y en vez de contestarme, sacó un bolígrafo y una agenda y allí, apoyado contra la ventanilla, escribió muy aprisa "querida Eulalia", pero no siguió más, se quedó absorto mirando a lo lejos y de repente: "No, mira, déjalo, no da tiempo, vais a perder el avión. Conque le digas eso, ella ya entiende, pero, por favor, díselo sin falta".

Así que ese recado tan raro te traigo, a ver si me lo explicas porque también yo parece que voy a meter baza en esa decisión y con que lo entiendas tu sola no adelantamos nada. Dime, soy todo oídos, ¿qué problema hay con Juana? Siempre decís su nombre con misterio y apuro, como cosa solemne. ¿Por qué os preocupa tanto? Porque es que, claro, después de conocer al personaje empieza a intrigarme a mí también. Cuéntame lo que sea, no te importe tardar. Antes me dijo un niño que los viejos se mueren contra la madrugada, y parecía muy sabio, así que según él tenemos varias horas, mira el haz de luna que entra todavía por el balcón, no tendrás sueño, ¿verdad?, pues nada, yo tampoco, ¿quién se duerme a tu lado?, tus historias me gustan, me gustan con locura, supongo que lo notas, ¿a que lo notas?, di.

E. Tres.

—Qué pregunta, hombre. Pues claro que lo noto. ¿Crees que iba a hablar así si tú no me escucharas como lo estás haciendo? Dicen que hablando se inventa, que hay gente a la que hablando se le calienta la boca, hablar es inventar, naturalmente que se le calienta a uno la boca, lo pide el que escucha, si sabe escuchar bien, te lo pide, quiere cuentos contados con esmero; los niños más que nadie porque son los más sanos y no confrontan luego cuento con realidad, les vale como salió, como se lo has contado y solamente así, lo dejan acuñado en aquella versión para siempre jamás. Al hablar perfilamos, claro que sí, inventamos lo que antes no existía, lo que era puro magma sin encarnar, verbo sin hacerse carne, lo que tenía mil formas posibles y al hablar se cuaja y se aglutina en una sola y única, en la que va tomando; poder hablar, Germán, es una maravilla, tan fácil además, sacas de donde hay siempre, de lo que nunca falla, eliges sin notarlo una combinación, sin pararte a pensar ni por lo más remoto "sujeto, verbo, predicado", no se te plantea, eso se queda para cuando escribes; por costumbre que tengas de escribir, aunque sea una carta sin pretensión de estilo, es otro cantar, qué van a salir las cosas como cuando hablas, hay una tensión frente al idioma, no se puede ni comparar. Y el discurso mental, cuando piensas a solas, también es diferente porque entonces no existen propiamente palabras o están como en sordina, fantasmas agazapados en un cuarto oscuro; algunos dicen que según piensan van hablando ellos para sí, pero yo no lo creo, te digo la verdad, de las palabras que no suenan no me fío ni un pelo, a no ser esas veces que piensas en voz alta de puro acalorarte, en ese caso, bueno, cuando te figuras delante de ti a una persona ausente a quien te pide el cuerpo implorar o reñir o convencer de algo y el deseo de verla te la convoca enfrente y te suelta la lengua, pero sin ese esfuerzo de figurarte la cara de otro que te escucha, las palabras no nacen, nada las espabila ni las dibuja, puro montón inerte de reserva, y mientras la lengua se quede quieta, pegadita al paladar, ¿qué se saca en limpio?, nada. Hablar es lo único que vale la pena, tenía razón tu amigo anoche, qué prodigio, si bien se mira, y no sé por qué no se mira bien, nos consolaría de todos los males; yo te aseguro que algunas veces me quedo pasmada y pienso: "Pero ¿cómo no nos chocará más lo fácil y lo divertido que es hablar, un juguete que siempre sirve y nunca se estropea?", claro que si nos chocara, adiós naturalidad, las palabras sentirían el estorbo en seguida, se espantarían como las mariposas cuando notan que alguien está al acecho para cogerlas; no sé, ya no podría ser, no surgirían a sus anchas así en fila como salen, sin sentir, que es que no se agotan y parece que no les cuesta trabajo, hay que darse cuenta, empiezas y ¡hala!, tiradas enteritas, retahílas de palabras, mira si no esta noche, sin tener que ir más lejos a buscar el ejemplo, fíjate el esfuerzo que supondría escribir esto mismo que ahora te voy diciendo, qué pereza ponerse y las vacilaciones y si será correcto así o mejor será de esta otra manera, si habrá repeticiones, si las comas, para sacar un folio o folio y medio hay veces que sudamos tinta china, y en cambio así, nada, basta con que un amigo te pida "cuéntame" para que salga todo de un tirón. ¿Que por dónde se empieza?, pues por donde sea, no miras si es un verbo o una exclamación lo que sale primero, ni el que te oye tampoco lo mira, pero entiende y tú lo sabes que te está entendiendo, lo notas en que se ríe, en que te mira, en que te sigue prestando atención; no necesitas estarle preguntando a cada momento que si te entiende, te basta con que esté allí y te atienda, lo que decía anoche la abuela tocándome los dedos: "¿estás ahí, verdad?, no te vayas", y a ti Pablo lo mismo cuando estabais hablando en la playa, eso es lo fundamental, que no se te vaya el interlocutor, que no se te duerma, basta con eso. Ya ves lo charlatana que me he vuelto esta noche, pues la causa eres tú, me puedo pasar meses, ya ves, aunque te extrañe, sin desplegar los labios más que para tratar cuestiones prácticas, todo esto de hoy podía haberme muerto sin contárselo a nadie y — es más — sin que llegara a cobrar existencia para mí porque ni por las mientes se me estarían pasando semejantes retahílas con el orden que llevan si no estuvieras tú que me las vas guiando, y ese orden es su vida, su razón de existir; nunca lo había pensado, pero ahora lo veo clarísimo: las historias son su sucesión misma, su encenderse y surgir por un orden irrepetible, el que les va marcando el interlocutor, aunque no interrumpa, es según te mira, ahora las desvía por aquí, ahora por allá, a base de mirada, y nunca dan igual unos ojos que otros; el que oye, sí, ése es quien cataliza las historias, basta con que sepa escuchar bien, se tejen entre los dos, "dame hilo toma hilo", me ha hecho mucha gracia eso que le decías tú anoche a Pablo en la borrachera, lo has contado muy bien. Y cada mirada incuba una historia.

A mí hoy me hacías falta tú, precisamente tú, menos mal que has venido. Sobre todo porque si no llegas a venir no me habría dado cuenta de la falta que me estabas haciendo, habría perdido la noche en dormir sin saberlo, le habría dicho a Juana: "tengo sueño, avísame si pasa algo" y punto final, habría echado el cierre, estaría tumbada en este sofá viendo paisajes sin huella, desfiladeros oscuros, habría delegado en Juana. Abdicar en ella siempre nos ha resultado cómodo, se sabe que está ahí, que no se mueve, yo creo que ni duerme, que no hace más que perdurar, esperar con los ojos bien abiertos algo que nunca llega y que ella misma no sabe lo que es, tal vez el cataclismo que hunda esta casa definitivamente y la sepulte a ella con las ruinas, y sin embargo hay algo todavía que te impide decir "Juana vegeta, es un fósil, un sarmiento", y ese algo son los ojos por donde se le sale todo lo que no ha dicho de veinte años acá, los ojos la traicionan, gritan por ella, aún tienen la carga de sollozos infantiles, de luces de cohetes mientras ella bailaba, de miradas de fuego y de deseo, de aquella rebeldía que le asomaba a veces, todo eso contenido, pasado por el tiempo, ahumado, concentrado, qué mirar se le ha puesto, no es cosa de este mundo. Y yo lo sabía, que me iba a mirar así, le tenía miedo a los ojos de Juana, era por ella sobre todo por lo que tenía miedo de volver aquí, para qué voy a andar con paliativos, siempre he estado diciendo en estos años: "tengo miedo a la casa aquélla, no la quiero ver otra vez", pero la casa no mira ni respira ni tiene aliento, no ha registrado mis cambios ni mis traiciones; son los ojos de Juana inalterables los que estancan el tiempo de la infancia como espejos deformes y por eso acongojan. Temía más que nada el momento de verla, que se me echara en brazos, y al pararse ayer tarde la ambulancia ahí abajo me temblaban las piernas, no era capaz casi ni de echar pie a tierra, aparte de lo que anquilosa un viaje tan largo y tan incómodo; me acordaba sólo de Juana, no de los problemas de cómo sacar a la abuela, de cómo acomodarla aquí, y me decían los enfermeros: "Usted dirá, señorita", y yo no podía decir nada, estaba como una estatua de sal con la angustia de que iba a aparecer Juana, de que me la iba a echar a la cara después de veinte años, tenía el corazón en la boca mirando las escaleras, una fascinación parecida a la que sentía Dorian Gray cuando se encerraba a solas en el desván de su casa para destapar aquel retrato maléfico donde se consumaba su real envejecer.

Cuántas veces, en efecto, a lo largo de estos últimos años, mientras iba a la sauna y me daba masajes y cremas de belleza o cuando me probaba trajes nuevos, me figuraba a Juana haciendo cara al tiempo a palo seco,. encerrada entre estas paredes, cuántas veces me he acordado de que me lleva un año exactamente. Siete tenía cuando quedó huérfana y la trajo la abuela a vivir aquí en uno de sus rasgos de filantropía: "La tenéis que querer como a una hermana"; que cuánto le han gustado a la abuela toda la vida esos golpes de efecto, de pura exhibición, verse reflejada en los rostros de sus protegidos, oír decir: "la marquesa es una santa". No te digo con esto que no pensase al principio quizá de buena fe dar estudios a Juana y educarla como a nosotros, pero luego se le fue enfriando el entusiasmo, ella es así, se cansa de las cosas; siempre siguió diciendo, eso sí, que a Juana la quería mucho, y anoche mismo hubo un momento en que se la quedó mirando, la llamó por su nombre y le dijo: "Tú siempre fuiste mis pies y mis manos", y es verdad, sus pies y sus manos; nadie le daba tanto gusto ni la entendía mejor. Como que el año pasado, a raíz de la muerte de Paulina, la criada vieja que tenía la abuela en Madrid, yo estoy segura de que a tu padre se le ocurrió, igual que a mí, que una solución muy buena habría sido proponerle a Juana que dejase Louredo y se fuese a cuidarla, pero no nos atrevimos a mencionarlo; era reconocer de un modo demasiado burdo y cínico lo que había llegado a ser también para nosotros aquella niña huérfana de los ojazos verdes cuyo destino en tiempos tanto nos preocupaba, un recurso de emergencia para eventos domésticos; aparte de que a mí por lo menos me detuvo la consideración de que no habría querido dejar nunca esta tierra de buen grado y forzarla era duro, no creo que hubiéramos sido capaces de llegar a emplear una dialéctica deliberadamente embaucadora, abusando de un resto del poder que ejercimos antaño sobre sus opiniones y criterios, aunque nunca estuvo demasiado claro hasta dónde llegaba ese poder. Lo que no tenía duda de ningún tipo, en cambio, es que ella rodaba por la abuela, que la reverenciaba con una mezcla casi religiosa de temor, sumisión y gratitud; y la abuela mucho antes que nosotros y que la propia Juana se percató de aquel conato de servilismo, buena es ella, y se lo fomentaba; como a nieta no la trató nunca, qué la iba a tratar, para criadita iba desde que vino, para ser usada por todos; y a Germán y a mí que la tomamos cariño nada más verla por lo que se quiere a los niños en principio, por lo guapa que era, nos llevaban los diablos cuando nos acordábamos de que la abuela nos había mandado quererla como a una hermana y luego era ella misma la que nos impedía de modo solapado e incomprensible semejante labor, y empezamos a operar de pigmaliones por nuestra cuenta, a defenderla siempre contra quien fuera, a corregirla cuando hablaba mal, a incluirla en nuestros proyectos de estudio. Ella los inviernos los pasaba aquí en casa de unos tíos, con otros hermanitos que tenía, pero durante los veranos la considerábamos cosa nuestra, constituía nuestro empeño y tarea fundamental. Aparte de lo bien que se jugaba con ella, no te haces ni idea, ningún niño de la ciudad inventaba unos juegos tan raros y tan fascinantes, hasta una religión nueva llegó a inventar que se llamaba el ocelismo y su misterio estaba en huir de los duendes llamados oceleiros que todo lo enredaban, que impedían el bien, la luz y la alegría, y se inventó responsos, fórmulas y poemas para burlar su influjo y entrar en las moradas de los dioses desnudos que eran muchos y buenos; y ella los dibujaba y los bautizaba con nombres muy bonitos, Clido, Anfisto, Rumí, una caterva, siempre desnudos, pero con el cuerpo algo fantaseado, no exactamente igual que el de las personas, y les hacía altares en recodos y huecos diferentes del parque o de la huerta y hasta en la casa vivían algunos, por ejemplo Dindo, el de la cocina que vigilaba los asados y tenía en el ombligo una especie de raíz rematada en cerezas; dibujaba muy bien, de una forma muy suya, nunca copiando de las ilustraciones de los libros, como hacíamos nosotros, los duendes oceleiros eran seres extraños con mezcla de animal y eran pequeñísimos, con los ojos saltones, ésos tenían la culpa de todas las catástrofes, y una vez ella dijo que eran más parecidos entre sí que los otros porque el mal siempre se parece; y Germán le preguntó: "¿Pero a qué se parece?". "A nada, digo que llorar siempre es igual de aburrido y en cambio de estar alegre hay muchas maneras"; y todos aquellos inventos y versiones del mundo que ella nos confiaba en secreto nos la hacían tener por un ser fuera de lo normal, imbuida de una carga mágica que no tenía nadie y le decíamos que de mayor tenía que ser pintora, una pintora famosísima, nos miraba con desconfianza y pasmo, como a bichos raros, cuando le decíamos esas cosas y se ensombrecía, yo creo que no le gustaban nada ese tipo de conversaciones, pero nosotros estábamos empeñados en proyectarla hacia el futuro, en hacerle soñar un destino ambicioso, en que no fuera una chica como las otras de la aldea, y ella decía con la mayor naturalidad: "Pero si yo no soy como ellas, yo soy yo"; y Germán y yo discutíamos porque el asunto aquél del porvenir de Juana y de su ilustración que, llevados de un afán pedagógico heredado de papá, veíamos casi siempre como un problema claro y viable, otras veces resultaba menos claro y hasta bastante oscuro, especialmente a medida que fuimos creciendo y vimos que Juana no siempre aceptaba con buena fe y disposición nuestros ensayos de poder sobre su persona — porque en el fondo no eran otra cosa sino ensayos de poder —, que se encerraba en un mutismo cazurro y rechazaba lecciones, dictámenes y consejos, aunque esa misma actitud suya, por supuesto, cabezotas como somos tu padre y yo, nos encandilara más y fuera durante mucho tiempo acicate y motivo de interrogatorios y conjeturas, de conversaciones con mamá, de cartas y más cartas a Juana en el invierno y nos llevara a redoblar las clases que le dábamos, los libros que le aconsejábamos leer. Nunca hurgamos demasiado, por no decir nada, en el posible origen de su retraimiento, simplemente nos parecía incomprensible: ella acababa diciendo a todo que sí, que bueno, que le gustaba estudiar y saber cosas y enterarse de la biografía de músicos y poetas y pintores, que cómo no le iba a gustar, pero estaba mucho más pendiente del talante de la abuela que de nuestras palabras y era capaz de dejar con la palabra en la boca a quien fuera y tirar cualquier libro y esconder o romper cualquier dibujo en cuanto se oía llamar por ella desde la huerta o desde la cocina, "Voy, doña Matilde", salía pitando. "La abuela no tiene que mandar en ti ni asustarte, la dejas que te llame y no vas, te escondes, como si no estuvieras, se acabó; y además no la llames doña Matilde", y ella bajaba los ojos, no nos sabía contestar a eso, entre nuestro imperio y el de la abuela se encontraba como un huevo entre dos piedras. La verdad es que nunca se nos ocurrió sondearla por métodos diferentes al de la encuesta directa, la achuchábamos a base de prohibiciones y preguntas, sin detenernos a considerar que, dada nuestra postura privilegiada, ella se encontraba en inferioridad psicológica y su asentimiento a nuestros planes podía ser acaso poco espontáneo y libre, no demasiado diferente, en definitiva, de la docilidad con que obedecía las órdenes de tipo doméstico que le daban los demás; pero nosotros, cómo íbamos a sospechar entonces esto que ahora te digo, no la entendíamos, nos desesperaba contrastar su actitud de aquiescencia con la contradictoria cerrazón que a veces oponía como una muralla de desquite contra nuestro influjo y que solía materializarse, cuando insistíamos mucho, en mutismos, llantos o desapariciones; verlo nosotros no, imposible, nos habríamos roto la cara por entonces con quien se hubiera atrevido a insinuar que estábamos haciéndole a Juana el menor daño. Cuánto tiempo se tarda en reconocer ciertos errores; caímos en la cuenta no sólo cuando ya era irreparable el daño ése, sino más te diré, cuando nos importaba más bien poco y ya nos aburría todo el negocio aquél de habernos erigido en redentores. Vocación de heroísmo, de infancia, al fin y al cabo; según nos adentrábamos en la juventud ya hacían falta demasiadas justificaciones para sustentarla y teníamos otros muchos empeños a la vista: Juana empezó a ser problema y a hacérsenos incómoda justo cuando aquel daño que le habíamos hecho se empezó a revelar y apenas intuido quisimos olvidarlo; entonces conocimos la comezón, que llegó a ser frenética, de renegar y desentendernos de quien, embarcada a su pesar en un viaje que ya nunca podría seguir por sus propios medios, nos recordaba la extorsión padecida con su mera presencia, y más tarde, cuando dejamos de verla, con su mero existir aquí en Louredo.

Ya lo creo que anoche era como deslizarse furtivamente a escudriñar los surcos del retrato que el radiante, el indemne Dorian Gray ocultaba a los ojos de todos sus amigos en aquella buhardilla polvorienta, idéntico placer clandestino y morboso. Yo todos estos años he sentido literalmente que aquí, en este escondite perdido del mundo, el rostro de Juana y su cuerpo pagaban tributo por la belleza y juventud que los míos iban conservando a base de cuidados, de gimnasia y dinero, un tributo que me envilecía y del que era consciente a mi pesar muchas noches cuando me miraba al espejo después de darme los cosméticos; y otras, cuando alguien que acababa de conocerme me calculaba diez o quince años menos de los que tengo, sentía casi indefectiblemente un trallazo angustioso y al tiempo placentero, una especie de gratitud canalla hacia aquel otro yo que recibía los dardos de mi putrefacción, que pagaba los gastos de mi edad verdadera. "Menos mal que no conocen a Juana — pensaba —, menos mal que no la han visto", exactamente como Dorian Gray; pero los ojos del retrato aquel no creo que vivieran y acusaran igual que los de Juana, no sé si te has fijado en los ojos que tiene.

Ya la última vez que pisé por aquí hace más de veinte años, me asustaron sus ojos. Creo que también es el último verano que viniste tú, tendrías tres años, tu madre estaba embarazada de la niña y había colgado los estudios poco antes de casarse, ya sabes que hicimos parte de la carrera juntas; a mí ese año me habían dado una beca para Grenoble y pasé por aquí a despedirme, no me apetecía nada venir pero me sentía un poco en la obligación; ya por entonces veía menos a tus padres y llevaba dos años sin venir a Louredo, me recibieron con alegría, con bromas, como al hijo pródigo. Era mi época rebelde, no entendía la sumisión de tu madre a tu padre ni de la mía al mío, no aguantaba esta casa ni los noviazgos ni los matrimonios ni nada que entrañara compromiso, estaba tan empapada del deseo de romper amarras, de cancelar toda fidelidad al pasado y al mundo establecido que veía muros y cerrojos por todas partes, era ya una paranoia, me parecía que hasta al reírme o al mirar o incluso simplemente respirando cualquiera de vosotros iba a notarme las ganas de escapar que tenía, lo convencional de mi visita, pero la que más miedo tenía de que me lo notara era Juana. A lo largo de aquellos tres días que se me hicieron interminables de nada quería huir con más afán que de sus ojos. No es que hablara mucho conmigo, aunque desde luego algo más que anoche, pero durante todo el día y hasta por la noche acostada en mi cuarto con la ventana abierta la sentía presente asediándome con la mirada escrutadora y fija de sus ojos sin sueño que se posaban en mi equipaje y mi ropa, en mis dedos cuando encendía un pitillo, en mi pelo; y yo pensando a cada momento, "me largo, me largo de viaje, trasnocharé, conoceré a gente nueva, no miraré el reloj, no me esperará nadie para comer, aquí se quedan todos, aquí se queda Juana"; y charlaba por los codos, hacía bromas, te preparaba el baño a ti, hacía postres, tocaba el piano, una actividad incesante para librarme de la opresión de la familia, pero sobre todo de aquellos ojos como dos brasas. Porque quemaban, sí, especialmente cuando nos despedimos, ahí abajo, junto al arranque de la escalera. Siempre que veo luego a Juana en sueños me mira de la misma manera que aquella tarde. Estabais todos en grupo, os había dicho ya adiós a la familia uno por uno y me acerqué a besarla a ella que se había quedado un poco rezagada: "Pero bueno, Juana, dame un beso, mujer", le prometí que volvería pronto, que le pondría postales desde Francia, luego saqué del maletín una blusa mía que le había gustado mucho y se la dejé, empezaba a necesitar pagar mi liberación al precio que fuera, y como ella no dijo más que un lacónico "gracias" y tocaba la tela de la blusa con los ojos bajos, sentí la necesidad de añadir más palabras, quería el lenitivo de su cordialidad para irme con la conciencia tranquila, y empecé a decir que en mi próxima visita haríamos en serio los planos para el campo de tenis y la piscina, antiguos proyectos de la abuela para los que nunca había encontrado eco eficaz en nosotros, saqué a relucir aquello de un modo que a mí misma me sonaba inarmónico, traído por los pelos, sobre todo porque no lograba ver encenderse en los ojos de Juana la menor lucecita de credulidad, me taladraban serios, desarticulaban mi mentira; pero yo no podía callarme, menos mal que mamá intervino: "Vamos, hija, no hagas tantos planes, anda, déjalo estar", es la persona que más y mejor quiso a Juana

109

nunca, aunque hacía menos alharacas que nosotros; y me
acarició el pelo, pero en su voz había un ligero reproche.
Estaba ya muy delicada del corazón, se murió de repente
aquel mismo verano, pero yo aquí no tuve que volver, el
cadáver lo trasladaron en seguida a Madrid, aquella fue
la última vez que vi a mamá, la última advertencia que
me hizo, y Juana me miraba y me miraba. Siempre asocio
sus ojos con la última vez que vi a mamá, con la última
vez que vine aquí, con esa despedida, y tú también estabas, pequeñín, comiéndote unas uvas, os seguí viendo a
todos un rato todavía por la ventanilla trasera del coche
de alquiler que había venido a buscarme para llevarme al
tren, se fue quedando atrás, pequeñita, la escena mientras me alejaba y os decía aún adiós con la mano. Y algún
tiempo más tarde aquel alivio con que os había perdido
de vista a todos, el regodeo en dar por cortado el cordón
umbilical que me ataba a Louredo, se me mudó por dentro en un acíbar raro, taimado, traicionero, que en mis
sueños se vierte de los ojos de Juana silenciosos y enor-
mes a mi cuerpo anegándolo. A Andrés se lo he tratado
de explicar muchas veces recién despierta de mis pesadillas y nunca lo entendía bien del todo, como que los sueños es absurdo pensar que otro los va a entender: "¿Pero
se vierte qué?; ¿ya estás con aquello?", y yo le decía que
era una especie de veneno que destilaba Juana, pero
que en el fondo quería decir otra cosa, un recado que no
lograba entender; y una vez, hace relativamente poco,
perdió la paciencia porque yo últimamente a Andrés le
irritaba mucho con mis machaconeos explicativos, esa manía egocéntrica de que los demás compartan mis sensaciones y les den importancia, y me dijo que iba aviada si pretendía llegar a un mediano racionalismo dando pábulo a

semejantes mensajes oníricos, que me iba a volver retrasada mental, y dejé de contarle esas pesadillas, pero no de tenerlas; al contrario, durante este último año se me han redoblado. Te digo de verdad, Germán, que la frecuencia con que Juana se me aparece en sueños y se pone a mirarme fijamente igual que aquella tarde de nuestra despedida es cosa de psiquíatra; por regla general se suele presentar en medio de argumentos que no tienen que ver nada con ella, que pueden ser incluso divertidos, pero de pronto, ¡zas!, una persona cualquiera de las que hay por allí se queda clavada mirándome y noto como un aviso angustioso que coincide casi exactamente con la transformación de aquel rostro en el de Juana, y otras veces es mitad ella y mitad mi madre, pero en cualquiera de los casos se acabó la placidez y se nubló la historia, con esa mudanza entra un viento cargado que lo empaña todo, digo "ya está, ya está", y me despierto después de un trabajo mortal para salir de aquella escena, siempre igual, con el corazón del revés como enganchado en no sé qué zarzas, y nunca entiendo por qué me he sobresaltado tanto, me queda sólo una sensación oscura de urgencia, y mientras exploro la penumbra y vuelvo a darme cuenta de donde estoy, lo único que sé es que la aparición de Juana significa un toque de alarma sobre algo que a mi alrededor se concluye o se transforma sin que yo me esté dando cuenta, que sus ojos me avisan. Pero ¿de qué?, ¿de qué concretamente?, y pugno por preguntárselo a ella, la veo aún durante un lapso de tiempo dibujada y detenida en el aire con esa belleza tétrica que la caracteriza y nada; sí, belleza, Germán, ya sé que a ti te ha parecido una bruja de Macbeth, el reuma la tiene deformada y además ahora bebe sin parar, pero si te fijas bien es guapa todavía; lo que pasa es que nos hemos acostumbrado a considerar la belleza detentada por rostros sin conflicto ni historia, de esos que nos anuncian detergentes con sonrisa entre sexy y persuasiva y no nos saques de ahí, otra cosa de más fuste ya no la admitimos. Pero sí, Juana ha sido de morirse de guapa, pregúntaselo a tu padre, yo no creo que ninguna mujer le haya levantado de cascos como ella cuando volvieron a verse después de la guerra, tres o cuatro veranos le duraría el enamoramiento, poco le gusta acordarse de eso ahora. Yo no noté tanto el crecimiento de Juana porque la seguí viendo, pero él la había dejado de ver de once años y se la encontró de catorce muy alta y muy mayor; me acuerdo perfectamente de aquella tarde en septiembre del treinta y nueve, ya sabes que él y mi padre habían pasado la guerra en zona republicana; el reencuentro familiar había tenido ya lugar, pero a Louredo venían aquel año más tarde que nosotras, la guerra les había unido mucho en aficiones y en todo y se habían hecho como dos bloques: Germán con papá y yo con mamá. Era una tarde muy bonita, había llovido y olía a tierra mojada, habíamos estado merendando en la huerta y luego subí aquí a darle clase de francés a Juana; abajo estaban mamá y la abuela con la tía Aguedita haciendo labor y yo me sentía alegre y tranquila en el seno de aquella espera que para mí no tenía nada de problemática: iban a venir papá y Germán como otros años, la guerra se había terminado, y me gustaba haber hecho tantos progresos en el francés como para poder darle clase a mi amiga; pero ella no paraba en la silla ni atendía, a cada momento le estaba pareciendo oír el motor de un coche, hasta que se impacientó y la reñí porque tradujo maison por guerra, a pesar de estar mirando el diccionario; me desesperaba que se

112

fijara tan poco, que no tuviera interés. "¿Y cómo quieres que lo tenga — estalló llena de cólera — si todo me importa un bledo? ¡Libros, libros, libros, siempre lo mismo! Parece mentira que hoy tengas ganas de libros, eres como de palo; hoy era día de tirarse al monte, de esperar a Germán en una peña de las de abajo con banderas o algo, ¿no ves que podía haberle pillado una bomba por ahí en estos años, que podía no haber vuelto a pisar esta casa?, es que no te das cuenta de nada, ¿de qué servirán los libros?, leer, leer, alguna vez hay que celebrar fiestas también, ¿no?, cuando hay motivo. Eres una egoísta, claro, como tú ya lo has visto. Bien que llorabas cuando no sabíais nada, pues yo igual, para mí es como si siguiera la guerra, hasta que no lo vuelva a ver es como si no supiera nada, sólo me lo creeré cuando le vea la cara, me enseñas un papel con letra suya y no me creo nada en absoluto, nada, patrañas, verle la cara es lo que quiero." Le brillaban los ojos de pasión y de ira y se escapó corriendo no sé si para que no la viera llorar o porque en ese momento se estaba oyendo abajo el ruido del coche que los traía y la voz de mamá llamándonos; seguramente se fue a esconder, que eso lo hacía ella mucho. Me di cuenta de que tenía una belleza montaraz y salvaje y me impuso respeto aquel fuego de sus ojos; nunca había visto a Juana como mujer y me impresionó, me sentí una niña pequeña a su lado, no fui capaz de llamarla ni de detenerla. Y es muy curioso porque luego tu padre, que tuvo que andar buscándola mucho rato por la casa, tardó tanto en aparecer que creímos que se habría ido a saludar a sus amigos del pueblo y nos sentamos a cenar sin él; por la noche vino a mi cuarto a verme y no hacía más que decir: "Pero ¿qué le ha pasado a Juana?, ¿te das cuenta de cómo está?, yo no

he visto una mujer así en mi vida, da miedo verla, miedo".
Dijo "una mujer", no "una chica", alguna vez que le he
recordado esto niega que dijera "una mujer", pero lo dijo,
y además a mí no me extraña porque los dos la descubrimos como mujer el mismo día. Lo que pasa es que él,
durante mucho tiempo, necesitó estarse ocultando a sí
mismo que Juana, al empezar a gustarle tanto como mujer,
se borraba como persona capaz de albedrío; no era capaz
de confesarse que le halagaba el amor que había descubierto en ella, aquel comienzo de sumisión que no hizo
más que crecer desde entonces, tan descarado y evidente,
al cabo, en las miradas admirativas y entregadas que Juana le dirigía, que acabaron por enterarse todos y les alar-
mó, y de ahí se derivó la marginación gradual de Juana,
a quien empezaron a pensar los mayores que se había dado
en la familia demasiada beligerancia. Aquel verano primero todavía no notó nadie nada, pero yo sí porque desapa-
recían juntos al menor pretexto, y cuando me di cuenta
de que además me esquivaban, me puse muy triste, me
parecía absurdo estorbarles y tardé bastante en entenderlo, yo todavía no me había enamorado nunca, claro, y me
parecía que porque ellos se quisieran no tenía porque rom-
perse el trío que hasta entonces habíamos formado, aparte
de la tendencia que he tenido yo siempre a pensar — hasta hace poco — que nunca estorbo a nadie; fue una pena
muy honda, parecida a las del amor, tanto quería yo a tu
padre por entonces.
Y sí, ya ves, ha tocado hablar de Juana, qué le vamos a
hacer, menos mal que no tienes sueño. Lo malo es el orden, que ya no sé lo que te llevo contado ni lo que me
queda por contar, pero mucho me queda, muchísimo; pues
que no hay tardes y tardes de esas que se pierden en los

114

repliegues del recuerdo, y mañanas, y noches, una vida entera, todo no podrá ser, tendrá que ser a medias, no creas que es liviano el material que arrastra este tema de Juana ni que es un cuento fácil de los que soplas — "érase que se era" — y se ven redonditos como pompas volando por el aire, que va, lo salpica todo, menudas adherencias. Y tu padre lo sabe; él que es quien ha traído este asunto al tapete lo conoce de sobra y me conoce a mí para saber que no se puede ventilar así tan fácil en cinco minutos. "Háblalo con Eulalia, decidir lo que sea", sí, muy bonito decirle al otro "decide lo que sea" y meterse en un cine a olvidarse de Juana; ya hace años que venimos haciendo eso, pero no vale de nada: mientras sigamos siendo su memoria, existiendo en su mente como imágenes de referencia, tampoco ella podrá dejar de pesar para nosotros, un peso muerto, que éstos son los peores.

Desde que la abuela, que era la última que seguía viniendo por aquí, se encastilló en su casa de Madrid decidida a desentenderse del mundo de los vivos y a sumergirse en el de los fantasmas, Juana quedó ya sin paliativos abandonada por todos; fue cuando le dimos el poder, y al enterarse de que la abuela, aunque no la habíamos incapacitado ni recluido, iba perdiendo progresivamente la aguja de marear, empezó a dirigirnos a nosotros una correspondencia balbuciente que parecía pensada sólo para desasosegarnos. Ni tu padre ni yo a esas alturas — te estoy hablando como de hace diez años para acá — queríamos ser capitanes de barcos que se hunden, pero por otra parte la suerte de éste no conseguía dejarnos impasibles. Lo dábamos, empero, fatalmente por barco a la deriva con aquella mujer de grumete fantasma, cumpliendo los quehaceres que desde una capitanía igual de fantasmal le venimos cursando de un modo cada día más ralo y desganado a lo largo del tiempo, órdenes anacrónicas inventadas para aplacarla, trabajosas, incómodas, incrustadas a contrapelo en el mosaico de nuestro anecdotario personal, el cual al mismo tiempo nos iba desviando más y más cada vez también a uno del otro, quehaceres y recados para Juana que, bajo su ficción de urgencia y seriedad, no tenían otro fin (y los dos lo sabíamos) que el de amortiguar un común sentimiento de culpa inconfesada, el último residuo de identidad que, a raíz de la sustitución de tu madre por Colette, nos podía unir ya: ese oscuro zumbido de conciencia al conjuro de la imagen de Juana metida entre estos muros. Esta casa sola y cerrada nos sería más fácil de olvidar que con ella dentro, ocupándose un poco todavía de su conservación, haciéndonos consultas morosas e irreales para impedir su ruina definitiva, perdurando a pie quieto en nuestro sitio: es la casa con Juana lo que hace tanto daño. Ya lo creo que es peliagudo el recado que traes, por algo se quedó en suspenso tu padre sin saber qué escribirme más que "Querida Eulalia", prefiere que lo hablemos, que le ahorremos pensar. ¡Decidir lo que sea!, si no se trata de decidir, ya sé por donde va, que la casa es de Juana, que se la dé si quiero cuando muera la abuela, que era quien se oponía tenazmente a tales sugerencias, que firme unos papeles si hace falta firmarlos y nada, para ella, para Juana Failde, como si no supiera él lo mismo que yo que Juana no se borra de un plumazo a base de dinero. Más suya que es la casa desde hace ya diez años, más carta blanca que le hemos dado en todo, para la cosecha de patatas, para el retejado, para la venta de la fruta y del maíz, para el cuidado del parque, un poder notarial lo más amplio que cabe, puede gastar lo que quiera y pasarnos las facturas; es dueña y señora de los cuartos, de abrirlos, de airearlos, de reformarlos, de usar ropas y enseres. Se lo dijo Germán un año que, al fin, vino por aquí, hará unos seis o siete, "haz lo que quieras, Juana, lo que quieras, a tu gusto, mujer, el poder te lo dice", pero luego me contó a mí que casi se arrepentía de haberle insistido tanto porque la veía como atontada, me describió su estado, y que casi no hablaba en el pueblo con nadie; tratamos con ligereza el asunto, yo por aquella época paraba poco en Madrid y estaba bastante alegre, le dije que no se montara la cabeza con problemas. Pero Juana siguió escribiendo implacablemente; no escribía con tanta frecuencia como para que nos hubiéramos acostumbrado a esperar aquellas cartas que nos volvían siempre a sorprender, ni las espaciaba tanto como hubiéramos deseado. "No sé para qué escribe — se indignaba Germán —; se le manda dinero, se le dice que haga lo que quiera, lo pone en el poder, se lo estuve leyendo, pero es que no se entera, no se quiere enterar." Y ella se había enterado, sabía bien que aquello de "venda, permute, enajene, celebre contratos" que ponía el papel la convertía casi en el ama absoluta de la finca y la casa, pero es que no era eso, no quería mandar, es mantener su enclave en la conciencia nuestra lo que le interesaba, seguir dando noticia de sus ojos contemplando enconados y pasivos la ruina de esta casa, atosigarnos con aquellas referencias agoreras que pasaban factura de la infancia perdida y traicionada, con aquellos mensajes alevosos que irrumpían cuando menos se esperaba a enturbiar nuestra inopia, dardos contra el presente placentero, la venganza de Juana, su única y precaria satisfacción. Y el destinatario de aquellas esporádicas y certeras revanchas intercaladas entre el

117

cúmulo de urgencias cotidianas, dejaba la carta pinchada durante un par de semanas en algún lugar visible, como un simulacro de proyecto con que el alma se tranquilizaba; si era Germán, me llamaba a mí: "¿sabes?, ha escrito Juana"..., o viceversa, quedábamos en vernos, en hablar, pero lo íbamos demorando porque sabíamos que no había nada que hablar, que los problemas y consultas a que se refería la carta no tenían relieve ni entidad, que lo único que la tenía era el oscuro sobresalto inconfesado al volver a ver aquella letra de dibujo torpe, trasunto del reuma y la modorra, aquellas faltas de ortografía residuo de los años de anteguerra, y los dos percibíamos el encono de sus acosos a nuestra conciencia, bien hablase de las ratas o del precio del maíz, el reto y la superioridad que había en aquellos avisos de soldado testarudo abandonado de sus jefes y encastillado en una fortaleza a la que ya no llegan víveres ni instrucciones.

Nunca le he preguntado a Germán directamente si él percibía estos mismos síntomas, si las cartas de Juana le quitaban el sueño y el humor como a mí, pero la única alusión que le he hecho al asunto la recogió de una manera que me hace sospechar que sí. Hace dos años estuve yo algo enferma del oído y tuvieron al cabo que operarme, no sé si te enterarías, y unos meses antes de esto fui al teatro con Colette, tu padre y unos amigos comunes, compromisos de esos que surgen, y estando allí, en el entreacto, me dio uno de los vértigos que me daban entonces que me ponía muy mala, me tuve que agarrar a él para no caerme, y al cabo, como no me encontraba mejor y además la función me estaba interesando poco le dije: "me voy a casa", y él que no me dejaba ir sola, que en cuanto se me pasara un poco me acompañaba; los otros ya se metieron a ver la función, esperamos un poco sentados en uno de aquellos banquitos de terciopelo. "¿Estás mejor? — me dice él —, pero ¿qué sientes?, dime", y yo le miré, le veía todavía un poco borroso, y le digo: "No sé cómo explicarte, algo así como cuando se recibe carta de Juana", y nos miramos de frente, serios, él no hizo de momento el menor comentario, nada más que qué pálida me había puesto, que si quería un coñac, y en el coche tampoco nada, pero ya al despedirse en la puerta de mi casa porque se volvía al teatro me besó: "¿De verdad que estás mejor?" "Sí, de verdad", y entonces dice riéndose y volviéndome a besar en los ojos: "Adiós, bruja, te tienen que pasar cosas raras a la fuerza, no me extraña porque eres una bruja". Y, quitando los besos que nos damos en Navidades o por ahí, que a veces parecen encender algo de nuestra intimidad antigua, me parece que ésa ha sido la última caricia espontánea y significativa de tu padre; yo también le besé con mucha simpatía y nos reímos los dos, de esas veces que notas que hay lenguaje común, que el otro entiende que tú entiendes que ha entendido, y te gusta que sirva aquella broma con todo el sedimento que llevaba debajo. Y no nos dejábamos de reír como dos tontos allí abrazados. Pero, ¿qué te pasa? ¿Por qué te quedas mirándome así?

G. Tres.

—No, es que estaba pensando lo difícil y raro que es vivir con la gente. Lo digo por papá, por lo poco que, en el fondo, lo conozco; te oigo hablar de él medio con curiosidad medio con extrañeza, como si se tratara de otro personaje, no te lo podré nunca explicar bien. Es una sensación parecida a la que tuve hace unos días en Londres, en casa de Harry, ese amigo vuestro, bueno de papá sobre todo, ¿no? Fue él quien me dio sus señas por si necesitaba algo y yo las había guardado por guardar, con total desgana, porque siempre pienso en principio que a un amigo de papá qué voy a tener que contarle yo, pero mira por donde no las perdí, de esas casualidades, y no te figuras lo bien que me vino porque al final me robaron un día en Hyde Park la cartera, o la perdería, no sé, lo cierto es que me quedé sin un penny y me acordé de Harry, por eso le fui a ver, porque no sabía a quién acudir para el sablazo. Pero bueno, tú ya le conoces, no es la típica persona que la visitas para un problema como ése y luego ya no tienes nada de qué hablar y aguantas un rato de conversación por cumplido, deseando marcharte, ni muchísimo menos. Me quedé toda la tarde y parte de la noche, se estaba en la gloria en su casa, dice que tú te has alojado allí alguna vez, así que no te la describo, ¿te acuerdas de la cocina que da a un jardín?, pues allí me recibió, se estaba haciendo un poco de merienda o no sé si desayuno porque se acababa de levantar de la cama y me mandó pasar, y allí seguimos sentados casi todo el tiempo, en medio del desorden tan agradable que tiene por todas partes, de vez en cuando se levantaba a buscar algo o me ponía un platito con comida delante, sin dejarme de hablar; me encontraba tan bien, como si siempre hubiera vivido con él en aquella casa, de verdad, no tenía maldita la gana de irme. Pues bueno, de vez en cuando le miraba y pensaba: "¿Pero este tipo puede ser amigo de papá?", y por otra parte lo veía, claro, en la confianza y la seguridad con que opinaba acerca de las contradicciones y peculiaridades de su carácter; no hacía más que preguntarme por él y yo no sabía qué contestación darle ni cómo decirle que a ése a quien él se refería lo estaba conociendo yo en aquel momento, a través de sus datos, le contestaba con evasivas porque de verdad que le oía como si estuviera leyendo una novela. También me habló mucho de ti, pero las cosas que me pueda contar alguien de ti ya no me pilla de nuevas que me vayan a sorprender, es distinto, siempre he tenido las versiones de los demás y la mía, y estoy acostumbrado a que no siempre coincidan, a irte recomponiendo a pedacitos y a entenderte sólo a medias, a olvidarte, a rectificar luego, cuando te veo, lo que creía saber de tu persona; y el dibujo que va resultando de todo ese trasiego podrá ser más o menos claro, pero lo importante es que lo veo ahí fuera, separado de mí. A papá es que de tan cerca como lo tengo ni lo veo, palabra; sé qué tono de voz suyo es el que me impacienta, veo cuando está de mal humor, conozco sus manías y sus preferencias, pero de tanto como creo que lo conozco, no penetro nada en él, es un muro delante de mis narices. Y he pensado estas cosas a raíz de la noche en que conocí a Harry, ha sido volver de Londres y empezar a mirar a papá de otra manera, antes no se me ocurría pensar en él ni por lo más remoto como en un señor que pudiera sufrir y ahora, fíjate, lo noto inseguro; la misma forma de darme el recado para ti, ya te lo he comentado, parecía que algo le fallaba por dentro, tal vez habrá tenido otros momentos así antes, pero yo nunca me fijaba.

Ya la noche de mi vuelta de Londres, nada más llegar y verlo me di cuenta de que nuestras relaciones habían cambiado, por lo menos las mías con él; digo: "Pero bueno, si a mí papá nunca me había producido curiosidad, ¿por qué le estaré mirando ahora como a un bicho raro?", porque, oye, en serio, así le miraba, como si nunca lo hubiera visto, y en seguida me acordé de Harry y tuve la clave: le estaba mirando como a amigo del otro y no entendía nada, quién lo va a entender, dos seres que menos peguen en el mundo para amigos íntimos no se pueden dar. A Harry se lo dije al final de la visita; ya eran más de las tres de la mañana cuando me fui, me había estado enseñando al final toda la casa y le digo al salir, parándome en la puerta de la cocina y echando una mirada adentro como para despedirme: "Oye, no sé si he soñado todo esto que hemos estado hablando, ni si tu casa y tú sois verdad, no te das cuenta de lo poco que tienes que ver con papá, y es lo que me parece increíble, que no te des cuenta, no tenéis que ver nada" y él me dijo que a la gente no es tan fácil conocerla y si es familia menos, habló en general, sin referirse al caso concreto de las diferencias entre papá y él, como si las conociera y no les diera importancia o como negándome que existieran, no sé. Y esto te lo explicas a veces en casos de amistades pasadas, cuando se te enquista el recuerdo de una persona de una determinada manera y te sigues refiriendo siempre a esa imagen pasada; pero es que, Eulalia, Harry y papá no es que hayan sido amigos, es que lo son todavía, se siguen escribiendo, había recibido una carta larga hacía dos días y estaba contentísimo, dice que es la persona que más le gusta que le escriba, lo adora, y te presenta a un ser conflictivo al que tú no conoces ni por el forro, dices "¿será posible?"; y al volverle a ver, es lógico, le pasaría a cualquiera, ya no miras a ese ser como a tu padre de siempre sino que buscas a un Germán del que no tenías ni idea, a ver si aparece algún atisbo de él, que fue lo que me ocurrió a mí en cuanto me lo eché a la cara y luego durante tres o cuatro días, estaba como al acecho, ¿entiendes? Debajo de sus gestos habituales de coger un vaso sobándole la parte de abajo con las yemas de los dedos o de entornar los ojos cuando habla mucha gente a la vez o de quitarse distraído hilitos y motas de la chaqueta o, no sé, cosas que ha hecho toda la vida como esa falsa tranquilidad cuando otro se exalta, ¿sabes?, que dice así bajito como para él mismo "que sí, que sí, de acuerdo" y se tapa un poquito la boca, pues a todo eso le buscaba yo su razón escondida. No eran los tics rutinarios de otras veces sino que me intrigaban como enigmas a descifrar, igual que te pasa con gentes que te encuentras a veces en el tren o en un café y que te llaman la atención por lo que sea, que te pones a fantasear sobre el gesto más insignificante que hacen como si a través de él quisieras penetrar sus pensamientos ocultos, los que le bullen en la cabeza mientras te está mirando distraído, o bueno, distraída, porque a mí me ha pasado con mujeres sobre todo; que luego lo más posible es que no exista enigma ni tales pensamientos ocultos, suelen ser procedimientos para intrigar si nota ella que te está interesando, los inventa para ti, porque tú te fijas, pero el caso es que te intrigan y te llegas a creer que los haría igual si no mirases; ya veo que te ríes, lo habrás hecho mil veces, a cuánta gente no habrás intrigado tú y seguro que bien, divirtiéndote. Pues bueno, te digo: es que con papá era rarísimo que me pasara semejante cosa, pero fue ya al entrar, oye, a la primera mirada. Había yo pensado dejar los bártulos y subirme a mi cuarto sin saludar a nadie porque me di cuenta de que había gente, tenían una especie de fiesta, cuando lo vi a él de espaldas por la puerta del salón, y ya en la manera de volverse y de salir a mi encuentro con el vaso en la mano sobando el cristal, en esa forma tan natural de dirigirse a mí y preguntarme por el viaje como si no le importara mucho, de decirme que no me esperaba tan pronto, de mirarme como si no reparara en la diferencia que había entre mi atuendo y el suyo, ya vi algo nuevo inmediatamente en todo eso, me produjo extrañeza, y unos minutos antes de que saliera también Colette había intentado el experimento de mirarle al fondo de los ojos y nada, no lo aguantó, los bajó rápido. Era imposible que le interesara más mirar el hielo de su vaso que mirarme a mí puesto que había dejado la reunión para salir a verme; pensé: "mi mirada le perturba, algo hay de lo que no está seguro" y fue un dato fascinante que destruía todos mis supuestos anteriores, porque si hay una persona en este mundo a la que no le había sospechado fallos, ése era papá, autoritario, injusto, desigual, lo que quieras, pero débil jamás, y le seguí mirando a ver si me miraba y pensando: "pero soy tonto, de qué me sirven los libros de psicología que me meto en el cuerpo si no había sospechado hasta hoy que tanta naturalidad y aplomo de papá conmigo pueden ser careta, a las personas que tenemos cerca es que ni las olemos, igual le importo más de lo que creo", y entonces levantó los ojos del vaso como si me adivinara los pensamientos y me estaba empezando a mirar bien, con una franqueza nueva, me acababa de preguntar: "¿viste a Harry?" cuando en esto, zas, Colette que sale también y se pone a besarme con muchos aspavientos y esa voz estridente y artificial de cuando ha bebido y andan alrededor otras personas extrañas, que por cierto, algunas caras las conocía y las veía vueltas hacia fuera como amagando salir a participar de la bienvenida, y a papá le tembló el párpado izquierdo, que eso ya se sabe de siempre que le pasa cuando está nervioso y a punto de enfadarse, o sea que le molestaba que hubiera salido Colette, y era toda la vulgaridad de Colette que no tiene más remedio que asumir la que se interponía entre él y yo, sus comentarios banales sobre mi pelo largo y mi blusa bordada, sus simulacros de cariño, sus informes sobre mi hermana y los amigos de la pandilla, todo aquel bla-bla-bla que había interrumpido nuestro encuentro y la pregunta de si había visto a Harry que no me dio tiempo a contestar porque se metió bruscamente al salón fingiendo que le llamaban y yo le dije a Colette que estaba muy cansado y que me subía a dormir. Y aunque eran todavía horas de haber salido a caerme por los sitios donde andan mis amigos o los de Marga, ya no tuve ganas, bajé a la nevera a buscar algo de comida y luego me encerré en el cuarto fumando con la ventana abierta y pensando en papá, en las cosas que me había contado de él Harry. Y creo que por primera vez en mi vida pensé en él con piedad y simpatía, dispuesto a tenderle la mano y notando abierta una posibilidad de entendimiento entre los dos que generalmente está obturada; no quería ni moverme de la postura en que estaba mirando el techo para no espantar aquella sensación tan agradable de saberle abajo rodeado de gente fastidiosa y convencional, deseando subir a verme y a preguntarme cosas de Harry pero ahuyentando la tentación por inhabitual entre nosotros, por absurda; era un juego inédito y muy excitante el de penetrar las intenciones de papá y sentirme instalado en su malestar de aquel momento, hubiera podido apostar doble contra sencillo a que le fastidiaban las risas, los pasos y los ruidos que a mí me llegaban apagados de abajo, a que estaba distraído, centrado en mí y en Harry, tratando de imaginar nuestra posible conversación y evocando la cocina donde se había desarrollado; cuando interpretas el pensamiento ajeno te sueles equivocar, no está uno cierto más que de lo suyo, por eso estar tan seguro como yo lo estaba de que papá pensaba en Harry y en mí me producía pasmo y fascinación, su aburrimiento me parecía mío de tanto como lo sentía aislado en medio de aquellas idas y venidas tan incómodas de la gente, y me puse a acordarme de la fábula de la ardilla que él le recita a veces a Colette para hacerla rabiar: "... me meneo, me paseo, no me estoy quieta jamás", vengan llegadas, saludos, coches que se paraban, bocinazos, porque es que celebraban el aniversario de boda de papá. Lo supe al día siguiente, le pregunté a la chica cuando bajé a desayunar que para quién habían sido todas aquellas flores que se veían en los floreros y me dijo lo del aniversario de boda; yo no me explico qué podrán significar para papá celebraciones de este tipo, posiblemente una fiesta así le aburra o le entristezca, pero lo que te quiero decir es que a mí antes no se me planteaban estas preguntas, ha sido desde esa noche de mi llegada, no sé, generalmente no le atribuyo sentimientos complicados ni sutiles, cuando lo veo con cara distraída doy por supuesto que estará pensando en sus pleitos, en negocios o incluso en asuntos de faldas, ¿por qué no?, siempre he notado que las mujeres le gustan y al fin y al cabo con Colette ya son diez años, me lo comentó la chica, según me servía el desayuno: "Diez años aguantándola, ya ve usted", y además en Madrid creo que sale con una señora viuda, Marga la conoce, es madre de un amigo suyo y les ha visto a veces; pero, ya te digo, hasta esto de tener papá algún amor, aparte de que ni me extrañaba ni me importaba, se lo adjudicaba como algo que no le podría, por supuesto, alterar, que lo tendría confinado en su casillero correspondiente, ninguna emoción rebelde a su dominio, por favor, ¿qué se le desmanda a papá? Así que ¿tú sabes lo que era de pronto esa noche de mi llegada saborear aquel poder nuevo, tener en la mano unos hilos que tiraban de él hacia mí? Y total sin hacer nada, que eso era lo grande, con estar allí tumbado en mi cuarto a oscuras le estaba amargando la fiesta haciéndosela incómoda, bastaba con no bajar a saludar a nadie, con no volver a aparecer hasta el día siguiente para tenerlo en vilo con la pregunta truncada sobre Harry. Y no bajé, me gustaba probar aquella sensación, dirás que de maldad, sí, ya lo sé, pero era la primera vez que me pasaba una cosa parecida, tantas tardes como me ha amargado él a mí; puede que fuera revancha, pero tampoco simplemente eso porque desde pequeño nunca me había sentido tan cerca de él afectivamente, feliz allí arriba yo solo con la certeza de que pensaba en mí, sin necesidad de leer ni de dormirme, un vínculo todo lo morboso que se quiera pero el caso es que me importaba de mi padre, lo quería. Me duró todavía unos días aquel estado de ánimo que me predisponía a su favor y estaba deseando encontrármelo a solas antes de que se apagase aquel conato de acercamiento que me había parecido ver que se iniciaba, pero llegué a pensar que se trataba de un acercamiento fantasma inventado por mí, un espejismo, qué sé yo, del mismo cansancio que traía, como lo tuyo de esta noche con el hombre ése del caballo, porque es que en los días sucesivos papá se volvió a replegar, mejor dicho, estaba como siempre, era yo quien le atribuía un repliegue o una incomodidad ante mí, seguramente era falso el supuesto de que me evitaba por una razón especial, lo que ocurría es que papá era así, buena gana de buscarle tres pies al gato, no se había quebrado puente ninguno entre nosotros: es que no lo hubo. Acabé queriéndome convencer de eso para salir del círculo vicioso en que estaba, porque te juro que pasé tres días a golpe de obsesión, me había quedado alicaído y me costaba tener que reconocer que papá es como yo lo veo y no como lo ve Harry. Por él me volvió a preguntar como al descuido no al día siguiente sino al otro en la playa y delante de otras personas que estaban en el toldo, entre ellas el padre de Pablo, un ser absolutamente inaguantable, y me dio rabia porque ya empleó ese tono de estar hablando para la galería tan típico de papá, ya sabes, le salió la veta suya habitual de abogado triunfalista, fulminador de lacras sociales pero moderno y haciéndose el cínico o el abierto según convenga, para qué te lo voy a explicar a ti, y casi sin dejarme hablar ni preguntarme qué me había parecido de Harry, se lanzó como quien está en posesión de la verdad a hacer para aquel auditorio de retrasados mentales una descripción brillante y divertida del amigo misántropo y poeta maldito, habló de cuando se habían conocido de jóvenes en Barcelona, de los gatos de Harry, de su estrafalario comportamiento con la familia y con la sociedad, dejando como caer a medias que si es marica, no es que hablara de él con antipatía propiamente, pero casi peor, sin el más leve destello de ternura, con la condescendencia de quien está por encima, a golpes de ese humor agresivo y cáustico de papá, en el fondo renegando de quien tanto le quiere, como si dejara bien claro: "yo os advierto que con tipos así no tengo nada que ver, me separan de él leguas", y le separarán de él las leguas que le dé la gana, pero le necesita, Eulalia, le pide por favor que no deje nunca de escribir, lo he visto yo con mis propios ojos, una carta de junio de este año, me la enseñó Harry porque notó mi incredulidad, le dice que sus cartas le sostienen y le convierten en persona, le ponía una especie de poema en inglés, una cita que mete Borges en un libro suyo me parece, se me quedó "and if you leave of dreaming about me…", o algo así era, o sea como diciéndole que si Harry deja de soñar con él, de verlo como lo ve, se acabó, es que es increíble, Eulalia, le pide que no se desentienda de él, que le reconforta saber que alguien lo imagina de esa manera, dicho por él mismo, lo he leído yo, y al lado de eso se pone luego a hacer ese número de reírse de Harry allí en la playa; y a mí me entró tanta tristeza que ni siquiera quise andar sacando la cara por un amigo ajeno, me pareció grotesco tenerlo que defender allí en aquel círculo de gente que él no habría podido aguantar, los dejé a todos riéndose como oligofrénicos y me fui a bañar. Y por la noche le estuve escribiendo a Harry una carta que luego rompí, porque a una persona a quien sólo se ha visto una tarde, por bien que se haya hablado con ella, es sacar las cosas de quicio escribirla en esos términos, me di cuenta cuando iba por el folio seis de que me estaba saliendo tono de poema, claro que podía haber seguido aunque no se la mandara luego, hubiera sido un pretexto para romper a decir tantas cosas como a veces se me agolpan sobre todo lo divino y lo humano, allá va, soltar la espita y que se mezcle todo, pero es lo que has dicho tú antes de hablar y escribir, que es diferente, que para escribir te tienes que creer el interlocutor que te inventas, y a mí Harry como destinatario de esa carta-poema se me desdibujaba, lo he visto demasiado poco, no era suficiente soporte. Muchas de las cosas que le hubiera escrito son las que te estoy diciendo a ti hoy porque me das pie, porque retahílas piden retahílas y sobre todo porque te puedo ver la cara, los ojos, te tengo tan cerca como a Harry aquella tarde en su casa, hace falta ver los ojos de la gente para hablar. Y él me miraba muy bien aquella noche en su cocina, me acogía, se habla con él casi tan bien como contigo, es un sabio, Eulalia, un tipo impresionante, me parece inconcebible, te lo digo, que interprete a papá de una manera tan especial, ¿tú lo entiendes?, dice que se ve obligado a representar un papel que le hemos colgado entre todos, que no nos damos cuenta de que es un papel que le agobia, ¿tú crees que le agobia?, será así, puede ser, pero yo estos días en que no he dejado de observarle lo he estado pensando mucho y no me casa, porque es que, Eulalia, por muy buena voluntad que le eches a entender, ¿cómo se puede vivir de la manera en que papá vive?, no tiene remedio, está perdido, yo lo veo perdido para siempre, ¿tú no?

E. Cuatro

—Perdidos andamos todos, hombre. Lo único que a veces puede despertar curiosidad es saber con respecto a qué brújula. Porque a lo largo de la vida no hace uno más que inventarse brújulas o fijarse en las que inventan otros. Eso es lo que cambia; los bandazos son siempre los mismos: del entusiasmo a la decepción pasando por esa zona media de la conformidad, guarida preferente para la mayoría, donde el tiempo se ensaña, sin embargo, y pega sus dentelladas más crueles; pero la gente que pone la vela al pairo de la conformidad no sabe esto, piensa que está hurtando su trayectoria a las fauces del tiempo, que es un viaje amortiguado y subrepticio. Y al fin, mientras no caigan en la cuenta del engaño qué más da, se lo creen, pues vale, el caso es ir trampeando, todos los expedientes, en definitiva, son para mientras alguien crea en ellos. Tu padre tendrá sus remolinos como tú y como yo; a ratos llevará paso de minué y a ratos de aquelarre, lo que pasa es que las sucesivas referencias de su viaje se nos escapan porque nos traen sin cuidado. A mí por lo menos, me traen sin cuidado. A Harry posiblemente no, por eso trata de entenderlo y de justificarlo. Yo no lo entiendo porque ya no me intriga, en el fondo es por eso: he dejado de pelear por él. Podíamos estar igual de separados y no haberlo perdido, que no me diera igual — como me da — ver su nombre en la prensa vinculado a homenajes oficiales, con toda esa bambolla de cargos, consejero, accionista, de banquete en congreso, de congreso en recepción; pero es que me da igual, no le quiero. Querer a una persona es quererla en lo que la separa de nosotros, en sus errores y calamidades, es quererla querer, empecinarse, es brega solitaria si lo vas a mirar, una pura pelea a tumba abierta contra las evidencias. Pero yo por Germán he peleado poco, me dejó de irritar hace ya mucho tiempo. Antes sí, discutíamos, de niños sobre todo, le quería meter en la cabeza todas mis opiniones y deseos, ¡qué ganas de pegarle!; éramos muy distintos, sí, pero le quería y hasta mucho después de acabar su carrera y yo la mía, aún seguía sin darlo por perdido, me obsesionaba la idea de sacarlo de sus casillas, de sus raíles, quería que descarrilara; un día él se dio cuenta y me dijo: "Pero a ti, ¿qué te pasa? ¿quieres que descarrile?", y yo indignada: "Eso es lo que quiero, sí, justamente, mira por donde todavía das alguna en el clavo, que descarriles y te abras la cabeza"; y le quise pegar porque estaba tranquilo, se había echado a reír mientras hablaba yo y me sacó de quicio, aquello era quererle, ahora nunca me indigna. Y mediaba tu madre muchas veces: "Pero déjalo en paz, ¿no ves que él es así?", sin darse cuenta de que contribuía a mi exasperación desde que se hizo novia de Germán por aquella tendencia suya a dejarlo a su aire, a aceptarlo como era. "No pretendo cambiarlo — decía — no te pongas pesada, cuando tú te enamores hablaremos, quieres lo que te dan y como te lo dan, exactamente eso es lo que quieres cuando media el amor, un día lo sabrás", con aquella sonrisa contemporizadora, como queriendo que se oyeran las palabras que decía, pero al mismo tiempo arriesgándolas a un torbellino donde todos hablaban mucho más alto, las perfilaba como avergonzándome de que pudieran herir, yo no sé si te acuerdas de la voz de tu madre, valiente pero tímida, sin desafiar, qué encanto de mujer. Pero él la avasallaba; creo que le empecé a tomar aversión a fuerza de quererla a ella cada vez más, había que elegir entre los dos, no había más remedio, nunca pude mirarlos como a un grupo armonioso, la verdad yo no sé cómo ella lo aguantaba. Ni entiendo lo que busca exactamente tu padre en las mujeres, que a veces no parecen importarle en absoluto, ni cómo se ha podido casar con dos tan diferentes, ni si las ha querido ni cómo ni llevado de qué idea, es que no entiendo nada. Y tampoco me importa, ya te he dicho, en eso está el secreto.

Fíjate, por ejemplo a mi marido no lo he entendido nunca, pero es que nunca, nada, al Germán de ahora mismo, si me aplicara a ello, lo podría entender mucho mejor sin duda, pero ¡qué distinto!, a Andrés le doy vueltas y aunque me desespere y me duela, no me aburre, no me resigno a darlo por perdido, ¿entiendes?, ahí está la diferencia. Ahora mismo, según digo su nombre, y casi siempre que lo digo o que lo pienso, se me atraganta el hecho de que exista y esté hablando por ahí con gente, tendría ganas de ser yo esa gente, de ponerme a discutir con él, de pugnar por buscarle una vez más resortes que a la fuerza coincidan con los míos, aunque tuviera que abrirle la cabeza para lograrlo, me fascinaría; me figuro estar dentro de su propia cabeza, como me pasa algunas veces a fuerza de mirar un cuadro que me ha gustado mucho, que me parece que me meto en él, pues una cosa así, dando vueltas en un paseo circular y cerrado por los caminos que antaño me llevaron a creer entenderlo, viendo un paisaje que tal vez no existe. Y sí, claro que pienso "está perdido", pero me gustaría recobrarlo, servirle de guía en esa pérdida que le supongo, entregarle, aún a riesgo de quedarme vacía, todas las imágenes que guardo de nuestra

133

relación para que las fundiera con las suyas, con esas que sin duda cuida él — y te digo "sin duda" porque es que no me cabe soportar duda en eso —, no trastos arrumbados sino piezas de oro que recuenta a diario; y la fusión de mi tesoro con el suyo sería, me parece, remedio suficiente, el único capaz de reponer los hitos que marcaron cariz de itinerario al ovillo de rutas que recorrimos juntos, y por eso no han muerto todavía esas rutas, porque me parece tener la fórmula de su resurrección. De tu padre lo pienso, sí, que ha sido mi hermano, que hemos jugado juntos, pasado miedo juntos, que nos hemos besado y rascado la espalda y peleado y leído esos libros y trepado a esos árboles de ahí fuera; pero es algo pasado, inoperante, tengo que hacer esfuerzos para pensar que aquel Germán trae al de ahora, no hay hilo, aquél ya se ha perdido, y además, te repito, me da igual. Puede que sea muy triste pero sucede así, la pérdida de otro es cosa subjetiva. Y si él está perdido para ti y para mí no hay más razón que ésa: que le queremos poco.

Dirás que se lo busca, que pone poca cosa de su parte, pero eso es lo de menos, poco cuentan los méritos en un negocio así, hay gente de la que decides no desentenderte, vaya por donde vaya, y ésa no se te pierde, qué se te va a perder. De quien puedes decir "está perdido", a ése es que lo has soltado tú, no hay más vuelta de hoja, lo has dejado caer por lo que sea, no lo dudes, Germán; unas veces se lo habrá merecido, de acuerdo, pero otras no y el resultado es el mismo, depende de la decisión del que corta amarras y no del rumbo que viniera llevando antes de la ruptura ese otro con quien se ventila si cortarlas o no. Fíjate a cuánta gente de rumbo extraño al nuestro la seguimos sintiendo a lo largo de lunas y más lunas — y hasta toda una vida algunas veces — vinculada a nosotros, y esos esguinces y derivaciones del rumbo ajeno son igual que tirones que tuercen y confunden la propia trayectoria; se piensa: "Pero ¿cómo no me podré yo mover con libertad, si ahora a esa persona ya no la tengo conmigo?", lo mismo que te pasaba a ti la noche de fin de año, que te habías ido con aquella gente en plan de "borrón y cuenta nueva" y seguías teniendo encima los problemas de esa chica que te hace sufrir. Decidir romper amarras y ser libre vale de poco, yo cuántas veces habré dicho en mi vida "cada palo que aguante su vela" para dar por cancelada mi dependencia con respecto a alguien, pero sólo cuando notas que además de decirlo eres capaz de remendar la vela de tu propio barco sin que los dedos te tiemblen y sujetarla otra vez pausadamente al mástil solitario, ¡ah!, eso es lo que vale, entonces sí has roto de verdad aquella amarra de la que protestabas, cuando decir "soy libre" no es recurso forzoso ni revancha verbal, sino una consecuencia del susurro que te canta en la sangre: "Estoy sola, vuelvo a empezar, todo es mío, yo amaso el tiempo y me pertenece, es mi material de labor, mi tela para tejer, no lo siento tirano ni verdugo". Porque la libertad se identifica con la asunción del tiempo, es algo tan fácil y tan difícil como mirarle a la cara, es deponer las armas y reingresar en él; el tiempo está esperando de nosotros que hagamos eso, que no lo miremos como enemigo, y sólo entonces nos entrega todo lo que guardaba en sus repliegues, sólo cuando nota que vamos con él, que nos hemos embarcado con él, como le dijo el marinero aquel del romance al conde Arnaldos, que pretendía escuchar desde la orilla su canción, se la negó, claro:

… Allí hablara el marinero,
tal respuesta le fue a dar:
Yo no digo mi canción
sino a quien conmigo va;

pues el tiempo lo mismo, a saber si ese marinero no sería una alegoría del tiempo, sólo embarcándonos con él nos quita las cadenas que nos atan los pies cada vez que intentamos huirle, nos devuelve una noción entrevista en poemas, encuentros y viajes del pasado, la desnuda noción de libertad, es como si nos dijera, cuando ya habíamos dejado de buscarla: "Aquí la tienes, tuya, para ti; es esa libertad de la que tanto habláis unos y otros, te la doy, si te atreves puedes cogerla, te la estoy dando, toma, créelo"; y de pronto eres capaz de alargar la mano y se desvanece lo embalsamado, se comprende que el tiempo es un amigo que te insta a habitarlo y que esa libertad que nos regala no es tanto la aventura fascinante cuyo sabor se ensalza en cuentos de piratas, princesas y capitanes como ese otro escondido talismán que supieron hallar desde que el mundo es mundo todos cuantos buscaron por lo yermo: místicos, ermitaños, mendigos, prisioneros, que a fuerza de soñarla hicieron suya la libertad más pura; desde nuestra soberbia recobrada los sentimos hermanos, gente de nuestra grey. ¡Qué gozo no dormir, mirar hoy como antaño las estrellas, sus ojos bien abiertos requiriendo vigilia de los míos!, traedme brazadas de tiempo alerta, de tiempo atrás, de todo el que perdí durmiendo en este mundo, leña para mi hoguera y leña de otros montes también y trastos de otras casas cerradas, el tiempo de los muertos que ya no tienen nada y el de los que ahora duermen perdiendo este tesoro, entrad a saco en las alacenas, que en mi llama se acoja y recupere cuanto dejan pudrir, lo quiero quemar todo, darlo al fuego. Esto es lo que se siente y se musita recién vuelto a gustar el néctar olvidado y agridulce de nuestra soledad, dejan de existir rejas entre la propia piel y la noche estrellada, respondemos así a su requerimiento perenne y misterioso; y al dejarnos a ella, el insomnio se trueca de condena en triunfo, como a ti mismo anoche te sucedió en la playa, como me pasa a mí en este momento, Andrés no existe, no sabría habitar conmigo este momento ni este sitio, estará durmiendo o estudiando o haciendo el amor, pero no sentirá la noche, por lo menos la mía, ésta sólo la puedo sentir yo: mía, la noche es mía porque no la desprecio, la noto y me rodea frotándose a mi piel, a años luz de distancia las galaxias pero igual de presentes y esenciales sobre esos avellanos que tocas si te asomas al balcón que cuando yo quería ser Adriana y tener un amante, la noche me promueve y resucita, voy instalada en ella, noche para viajes solitarios. Y el otro barco lejos, ya no importa, dejan de ser zozobra esas millas brumosas de distancia que no pueden salvarse, allá él con su rumbo, con sus temporales, yo bastante tengo con los míos, cada cual atienda a su juego, cada palo que aguante su vela. Y qué fácil parece, cuando al fin se consigue que no amargue, ese gesto de encogerse de hombros y que al bajarlos los astros no se desplomen, qué directo y qué simple pronunciar "allá él" sin que la lengua sepa a estiércol y a ceniza, respirar hasta el fondo, recordar: "estoy viva, tengo hambre", y mientras vas rumiando distraídamente, a modo de estribillo, "con su pan se lo coma", comer el propio pan en paz, sin añoranza.

Y dime, en todo esto ¿qué influye la conducta de ese

ser que ha dejado de dolerte?, lo único que cuenta no es que sea un canalla o resplandezca por su lealtad sino que a ti te aburra o te rebase, no hay otra vía de liberación. Lo que ya nos aburre eso claro que nos resignamos a darlo por perdido, es lo único que muere de verdad. Se dice: "me empeñé en olvidar a Fulano y lo conseguí", mentira, el olvido rige sus propios laberintos y nunca nos enseña el secreto de unas reglas que ni él mismo conoce, es dios autoritario y caprichoso y nunca lo sabremos de antemano si va o no a concedernos sus favores ni la ración de espera y de paciencia que aún nos destina para consumir; "conseguí olvidar", sí, a veces se dice, se apunta uno ese tanto hasta incluso con cierta convicción, ¡qué jactancia adornarse con plumas de un dios tan arbitrario!, mientras él no abra puertas a nuestro cautiverio porque le dé la gana y cuando se la dé, no pasan de ser muecas los amagos de escape que exhibamos; descenderá el hastío cuando lo tenga a bien ese jefe supremo e invisible, y puede no querer, te lo digo Germán, no querer nunca; si no quiere es inútil. Bien poco nos libramos de aquello que nos manda, incluso desde lejos, su noticia de vida a cortar el aliento de la nuestra; de dientes para afuera diremos "¡qué me importa!", lo que es mientras importe no servirá de nada componer ante el mundo esa figura de la indiferencia, decimos "¡qué me importa!" por conjurar el miedo a que aquello nos deje de veras de importar, miedo a dormir al raso nuevamente, miedo, eso es lo que hay. Y en nombre de esa terca resistencia a darlas por perdidas importan aún las cosas; en el fondo, ya ves, todo remite al hilo, querencia a la atadura que nos mantuvo en vida algún momento, a ese hilo que Pablo pugnaba con tu ayuda por recobrar anoche, el mismo que fatiga y sobresalta los últimos vislumbres de la abuela, el que tu padre busca al escribir a Harry, el que guía mis paseos imaginarios por dentro de la cabeza de Andrés. Un hilo doloroso muchas veces, un nudo corredizo en la garganta amenazando asfixia, pero no quieres otro; puedes estar oyendo voces al otro extremo, incluso perentorias y rotundas: "¡corta, yo ya he cortado!", no haces el menor caso, no puedes, ya te digo, agarrar otro hilo diferente de buenas a primeras, depende del permiso de ese dios formidable el ponerte a coser con otro hilo, te están diciendo "vete" y no te vas, "sálvate" y no te salvas, y si algún ser realista y razonable te viene a sugerir: "has perdido a fulano", te notas superior, ¡ése qué sabrá el pobre!, sientes como ramplón su testimonio, asentado en minucias despreciables; y es porque las personas que te arrojan de sí se te pierden de un modo mucho más discutible que las que tiras y jubilas tú que dejan de servirte, más pérdida no cabe. Pero el desvío ajeno es otra situación, le sueñas un remedio, lo tiene que tener, recurres al Supremo de tu propio magín, pasillos y pasillos, cábalas y más cábalas, te eriges en el ancla y garantía de quien ha alzado el vuelo sin explicar por qué, piensas que volverá a aclarar lo pendiente, a reanudar el hilo, que tiene que venir, que los pájaros vuelven a su nido, como en una canción que cantaba tu madre en época de exámenes, se quedaba abstraída mirando a la ventana y yo: "Venga, Lucía, que no nos va a dar tiempo, no te me pongas cursi"; lo que ahora daría en cambio por haberlas podido grabar aquellas coplas de pausa en el estudio, le surgían bajitas, entre dientes, como para ella sola, siempre hablando de amores, de esperanza, qué voz se le escapaba sin querer:

139

> *... j'attendrai*
> *le jour et la nuit,*
> *j'attendrai toujours*
> *ton retour;*
> *j'attendrai*
> *car l'oiseau qui s'enfuit*
> *vient chercher l'oubli*
> *dans son nid...;*

pues eso, dans son nid; y aunque pasen los meses y los años sin que el pájaro vuelva, nadie puede impedirte pensar que eres su nido, se puede hundir el mundo antes que te despojes de tal atribución, ni nadie detendrá el fluir de salmodias que voluntariamente atizas en secreto para avivar la fe: "Sólo está extraviado porque se ha ido de mí, es un mero accidente, su rumbo al punto se recompondría si volviera los ojos a este norte; me tiene, soy su tierra, su brújula, su nido". Y aferras como nunca el cabo de tu hilo, aunque apenas te atrevas a tirar para no descubrir flojez al otro extremo, como las hilanderas del belén, mero gesto pasivo, quietas donde las ponen y hasta que alguien las quite, amparadas por cerros de cartón, con sus dedos de barro sosteniendo la hebra.

Si me oyera tu madre estos discursos, cuánto se extrañaría, me imagino su sorna: "Pero bueno, mujer, ¿qué fue del albedrío?, ¿te pisaron por fin el famoso albedrío?"; y bien me gustaría poderle confesar a grifo abierto, es una retahíla que he imaginado mucho últimamente:

... "pues sí, me lo pisaron, era verdad aquello que me indignaba tanto cuando tú lo decías, que tanto pregonar el albedrío puede ser una trampa, un producto del miedo, hojarasca verbal para cubrir el ego solitario, ademanes

140

grotescos; te encogías de hombros: «No hace faltar hablar tanto, libres, pues ya se sabe, y eso ¿a quién no le gusta?, pero es que tú conviertes en precepto igual que el de ir a misa el hecho de ser libre; Eulalia, créeme, te pones muy pesada, te esclavizas a serlo contra viento y marea, no me digas que no»; pero yo te decía que no y que no y que no, te acababas callando, casi siempre callabas, mirabas los objetos, al cielo y a la calle mientras hablaba yo y te zarandeaba con tantas convicciones agresivas, y a ti te daba igual que yo quedara encima, todo lo más decías: «Bueno, bueno, mujer, será como tú dices». Ahora entiendo tus ojos de pronto entristecidos, tu luz y tu paciencia, tu encogerte de hombros, entiendo los boleros y los fados, entiendo que lloraras a veces en el cine, que leyeras a Bécquer, yo ahora también lo leo, entiendo que dijeras: «Pues si a ti no te gusta, déjame en paz a mí, yo no te lo discuto, tú es que te crees que todo se puede discutir»; sí, te entiendo por fin al cabo de los años, de tantas discusiones exaltadas, de mi inútil tesón para mudar tu índole, tu apego a las raíces, al cabo de ese tiempo perdido que era tuyo porque diste refugio a tardes y mañanas que malversaba yo, por las que atravesaba sin fijarme. Yo no sé cómo hacías que, sin perder el hilo del discurso, casabas las palabras con el momento en que quedaban dichas, recogías el sesgo, la luz de aquel instante; iba compaginada tu atención al latín, a la historia del arte o a una charla cualquiera con el otro mirar al mismo tiempo con puntual cuidado árboles y tejados, el cielo, las personas, y aquella luz fugaz que los contorneaba se quedaba en tus ojos para siempre; recuerdo años más tarde, cuando te los cerré, antes de hacer el gesto, durante esos segundos de parálisis, con mis dedos allí sobre tus párpados muertos,

pensé precisamente en aquel disparate de luz que te llevabas, en aquel hondo aljibe que a veces mi impaciencia te
impidiera llenar: «Venga ya, te distraes, ¿qué miras?, no
me sigues»; y tú te disculpabas: «Que sí, que sí, pero mujer, perdona, es pecado perdérselo, fíjate desde aquí en la
puesta de sol, un momentito solo, la de hoy no se repite,
fíjate qué colores», y yo llamaba a aquello, ya ves, interrumpir, tú decías que no, que algún día echaríamos de
menos nuestro tiempo de jóvenes y que ese día lo éramos,
que ser jóvenes era precisamente estar viendo aquel sol
que se metía justo según hablábamos: «Se nos olvida-
rá — decías — más pronto lo que hablamos que este sitio
y su luz, la luz se queda dentro, luego sale en los sueños,
¿a ti no te ha pasado que te sale la luz?, es lo único que
queda»; y qué razón tenías, no queda más que eso. Y era
la luz del sol encima de la nieve o la de un flexo verde o
de las nubes malva anidando en tus ojos lo que daba color a mis teorías, la recogía de ti, me pasabas la luz, te
miraba y salían retahílas enteras, me embriagaba a tu
lado protestando, rectificando el mundo de un modo que
tenía por inédito y justo, nunca en mi vida he vuelto a
hablar así. «Para abogado vales», me decías riendo; y
otras veces también: «Salió la Pasionaria»; y la luz de
aquel ámbito remansada en tus ojos sonrientes era la le-
vadura de toda mi oratoria. Cuando no las recoge un mirar como el tuyo donde tomar el cuerpo y la sustancia, las
palabras, Lucía, son un papel mojado, se busca una mirada que refleje la nuestra, sólo se busca eso, qué tarde lo
he sabido, tenías razón tú, la tienes todavía, sí, sí, claro
que sí...»
Pero es desesperante porque ¿a quién se lo digo?, todo
viene a destiempo, ahora le digo esto, Germán, cuando

ya no me oye, como Miquel Hernández a la muerte de su amigo Ramón Sijé: "... a las desalentadas amapolas daré mi corazón por alimento". Menos mal que estás tú, llevo un rato mirándote, desde que me he acordado de esa canción francesa que sabe Dios de dónde me habrá salido a flote, y es que la veo a ella, Germán, no lo creerás. ¡Qué poder tiene el logos!, es eso, el "j'attendrai", según se desentierra, el que tiene virtud para tirar de ella, de tu madre son las palabras hermanas "jour et nuit" las que traen a la chica risueña de la foto que Colette escondió y la sientan ahí donde tú estás, aquí mismo a mi lado, y dentro de tus ojos se descubren los suyos, y ese gesto del cuello reclinado hacia atrás, esto, mira, esta línea desde la oreja al hombro es igual, es la suya, es lo más atrayente que tiene una persona querida para otra, frontera franqueable, distancia que mis labios podían acortar para hablarle al oído y mis manos también, llegarle a la cabeza: — "qué guapa estás peinada para arriba, pareces Nefertete" —, retirarle así el pelo de la cara, ver que lo tiene liso y suave como el tuyo y notar por la expresión de gato que pone, igual que tú, que le gustan mis dedos cuando se lo acaricio.

Nunca usaba champú, con jabón de cocina y fuera, en un minuto, cantando, haciendo bromas, ni bigudís, ni nada — "no hay que hacer caso al pelo, se pone vanidoso en cuanto le das pie" —, se lo secaba al sol, y las piernas al sol y los brazos al sol. No he visto criatura más demente del sol: que no se lo quitáramos, que no nos lo perdiéramos, siempre avisando como de un prodigio, que lo mirásemos brillar sobre la nieve y en los tejados y encima del río, le borraba las penas; "dejarme en paz de luna, yo soy gente de sol". Al sol la conocí, un día de noviembre; llegaba con retraso y bastante despiste al primer curso, entró en clase — " ¿se puede? " —, era una chica nueva, entonces se notaba porque éramos muy pocos, de cara redondita con un abrigo azul, y al salir se acercó sin timidez ninguna, pero sin desparpajo; estábamos al sol contra la balaustrada, yo no la oí llegar, cuando ya estaba hablando la miré y así empecé a quererla, sólo lo que es directo se te mete en el alma a la primera. "Lucía Vélez me llamo, ¿lleváis muchos apuntes?, me los tendréis que dar si me hacéis el favor, yo vengo de Palencia", porque hablaba seguido siempre, como los niños, tenía por vacíos todos los circunloquios. Y los demás andábamos en puro circunloquio, pontificando siempre; y más que nadie yo junto con Julio Campos, mi ídolo de ese tiempo, el que está motivando todas las retahílas que me escuchas ahora, por no haberle encontrado antesdeayer. Pues Julio dijo entonces que tu madre era tonta, que le parecía tonta la chica de Palencia. Yo no llegué a decirlo porque había algo en ella que me desconcertó ya desde el primer día y me llevó a buscarle discusión, a querer arrancarle opiniones tajantes, empecé a irme con ella y a dejar a los otros, y Julio se extrañaba: "No pierdes pie a esa chica, yo no sé qué le has visto, si está como alelada". "Pues no es tonta, no creas, yo no la entiendo bien y me impacienta un poco, quiero saber qué piensa, pero de tonta nada, te lo aseguro yo". "Pues si cuando estáis juntas sólo se te oye a ti, no vaya a resultar que es que no piensa nada, Eulalia, pasa mucho, de esfinges sin secreto estamos más que hartos". Pero no, no era eso, es que tenía otra forma de dar las opiniones distinta de la nuestra, más llana; precisamente ni pretendía ser esfinge ni tener secreto ninguno, pero quedaba encima. A veces le bastaba con un gesto de asombro o de ironía, otras con un refrán — era muy refranera — o con una disculpa por no querer reñir, que lo veía inútil y agobiante: "Yo no lo entiendo así, qué quieres que te diga, no me hagas discutir, se saca poco en limpio, sobre todo porque te enfadas". Y tenía razón, yo me enfadaba mucho, demasiado, tendía a avasallar; y sin embargo — a Julio se lo dije — por mí no se dejaba avasallar la chica de Palencia, ni yo la fascinaba ni cosa parecida, decía que tener teorías tan firmes era igual que ser rico, que no te quiten la razón, que no te quiten el dinero, vivir alerta siempre contra un posible asalto, que ella no tenía miedo a no tener razón y yo en cambio tenía demasiado.

Y era verdad, desde luego. Pasaba entonces por una etapa de feminismo furibundo y estaba orgullosa de mi excepcionalidad y mi rebeldía frente a la postura acomodaticia de las otras chicas de aquel tiempo que sólo pensaban en ser como sus madres y no tenían interés por nada. Pero lo curioso es que ella sí lo tenía, le interesaba todo con pasión, y cuando decía que se encontraba muy a gusto siendo mujer y que no se cambiaría por un hombre en la vida, no lo decía de un modo resignado e inerte sino positivo, triunfal, era algo que le salía del alma, no hablaba como repitiendo una lección aprendida de nadie sino que sonaban sus palabras a una cosa que se ha pensado muy en serio y a solas, y decía que le gustaría tener hijos y enseñarlos a leer y a jugar y a echarle imaginación a la vida y a ser libres y... "Claro — le interrumpía yo — y con ese noble pretexto dejar la carrera y los estudios." "Dejar o no dejar, eso ya se vería." "En España, Lucía, no cabe compaginar, lo sabemos de sobra, o eres madre o te haces persona." Pero a ella le escandalizaba aquella alternativa tan dogmática, le parecía una clasificación de libro de texto malo; se podía inventar algo distinto de lo que veíamos a nuestro alrededor, y eso era lo apasionante, una forma de ser madre que no tuviera por qué excluir la de seguir siendo persona. ¿Por qué razón el concepto de madre iba a ir inevitablemente unido a quejarse y suspirar o a tiranizar o a seguir rutinas?, ¿por qué?, era una dedicación en la que estaba todo por hacer y requería más ánimo y más imaginación que ninguna; que ella, si podía, la compaginaría con otras, pero que si no, no iba a llorar por eso, ya me avisaba de antemano cuál era la que iba a elegir. Y a mí me desesperaba oírle decir aquello con tanta serenidad y convicción, porque el latín y el griego se le daban de maravilla, hubiera llegado a ser una lumbrera en clásicas, con ella cualquier pega se resolvía al vuelo, todos acudíamos a consultarla y Fuentes Soler, que era un hueso y nunca había reparado en ningún alumno, le pidió ya en segundo que le ayudara por las tardes en el seminario a una edición de Esquilo con notas que estaba preparando, y ella que sí, que bueno, pero ni lo tomaba como mérito para el futuro ni se enorgullecía ni nada. A mí me pareció una catástrofe que se casara antes de acabar la carrera, me llevé un disgusto de muerte y le eché toda la culpa a Germán. Pero no se trataba de culpas, en el fondo era algo que se veía venir desde la primera tarde que la traje a merendar a casa y lo conoció: se vio que era la única persona capaz de aguantar con alegría y paciencia a un ser tan egoísta y, por supuesto, que él iba a abusar. "Tu hermano está muy solo", me dijo al día siguiente; y me quedé de piedra. ¿Sólo? ¿que estaba solo? Era el chico más popular de Derecho, delegado de curso, siempre amigos llamándole, y chicas no tanto porque no era costumbre entonces, pero salía con todas las que quería, un éxito que tenía tu padre de joven que no te haces ni idea. Y ella me dijo: "Claro, por eso te lo digo, los hombres vanidosos no hablan nunca de verdad con nadie, no miran, no escuchan, ¿quieres soledad mayor? En mí ya lo sé que ni se ha fijado, pero yo quisiera ayudarle a no estar tan solo". Aquel día no me atreví a preguntarle que si le gustaba, pero poco después, como seguía hablando de él y ya se conocían algo más, se lo pregunté con cierto recelo, pensé que quizás iba a molestarle, pero me contestó con toda naturalidad: "Sí, claro, mucho, me gusta muchísimo, pero sobre todo creo que me necesita". Yo le dije que estaba loca, que ella valía cien veces más, que no se metiera a redentora con un ser como Germán y le exageré sus rasgos de agresividad y de golfería, que no eran tan acusados tampoco, pero sólo conseguí sonrisas de comprensión por parte de ella y la repetición de su aserto fundamental, que estaba muy solo, que los seres agresivos lo son porque no han querido nunca a nadie de verdad, y remataba con el colofón de que el amor es lo único que cambia y hace vivir a las personas. Cuántas veces, en las pausas del estudio, nos habremos enzarzado en discusiones, a partir de entonces. Ahora, al cabo del tiempo, si me paro a pensar, me quedo sorprendida, porque es que discutíamos más que nada de amor y además era yo generalmente, a pesar de mi tono desdeñoso, la que sacaba el tema a relucir: qué horror enamorarse, lo veía anticuado, inaceptable. Del caos de novelas de mi infancia había trepado luego a otras lecturas y el veneno bebido en aquellas historias clandestinas lo había relegado a zonas subterráneas y malditas de las que renegaba con implacable ardor. Un día trajo Julio

Les liaisons dangeureuses, su padre es escritor y en casa tenían libros que circulaban poco por entonces; me bebí aquella historia con deleite, fue una revolución, la que estaba esperando. Laclos pulverizaba el concepto de amor arraigado en Occidente, su heroína lo era por revolverse contra lo sublime, contra aquellos modelos ancestrales de conducta amorosa, al atreverse a demostrar que la única verdad del amor radicaba en su trampa; hice mi catecismo de aquel libro y de allí en adelante la señora Merteuil cínica, descreída, artífice de su propio destino, destronó a las mujeres de la raza de Adriana, palpitantes de amor, luchando entre deseo y raciocinio, y me dejó suspensa que tu madre, cuando accedió por fin a leer la novela, se encogiera de hombros: "El libro está bien escrito, eso quien te lo niega, pero, chica, que el triunfo de las mujeres consista en tenerse que volver tan liantes y antipáticas como la tal madame, para semejante viaje no habíamos menester alforjas". Yo me solivianté; ¿antipática?, ¿que era antipática madame de Merteuil?, y ella sin alterarse, con voz de broma: "Pues sí, muy antipática, pero además, Eulalia, qué más da, no hagas proselitismo, a mí, por ejemplo, me parece bastante simpática santa Teresa, pero no se me ocurre andar repartiendo estampitas, lo malo es tener santos, ponerlos en altares, yo no quiero ninguno". Pero yo necesitaba ídolos, eso era verdad, para mí, madame de Merteuil por aquellos años fue una especie de acompañante mágico, me dio el espaldarazo. Mamá ya estaba delicada por entonces y seguía pendiente de todos los caprichos de papá, sumisa, disculpándole siempre; yo eso no lo podía soportar, era una imagen de futuro que rechazaba, quería largarme de viaje, vivir sin ataduras, que nadie me mandara, tomar el amor como un juego divertido que se deja o se coge según cuadre, pura palabrería, enredo, narcisismo, se levanta uno de la mesa cuando quiere, tira los naipes sobre el tapete y a otra cosa; ceder al otro amor con mayúsculas, a ese que hace sufrir y que enajena, sería someterse, perder el albedrío, y sólo de uno mismo dependía el rechazo, simplemente de mantener la cabeza clara; yo, después de maduras reflexiones, había decidido no enamorarme nunca y estaba segura de lograrlo. Tu madre se rió la primera vez que me lo oyó decir: "Vaya declaración, como si te fuera a servir de algo, eso no se decide". A veces, a pesar de su simplicidad, me dejaba intranquila. "¿Y por qué no?, ¿por qué no, vamos a ver?, se puede decidir". Se encogió de hombros: "Bueno, de dientes para afuera bueno; también puedes decidir no morirte". No, no era lo mismo, contra la muerte no había manera de luchar, pero contra el amor, sí. "¡Ah, vamos! — dijo ella —, luchando vaya gracia, así sí, pero tener que pasarte la vida a la defensiva, ¿no te parece perder el albedrío?" Me tocó bastante en lo vivo aquel razonamiento que no me había atrevido nunca a hacerme y del que luego me acordé en muchas ocasiones, me vi al acecho para siempre con la espada levantada contra el fantasma del amor por alcanzar la utópica gloria de ser libre. Precisamente aquel verano tenía un pretendiente que me gustaba mucho, un tal Luis Burgos, y pensaba en él con los ojos abiertos de noche en la cama, echando de menos, a mi pesar, el consuelo de poder confesárselo a Lucía. Ella había venido a pasar unos días con nosotros a un hotel de Zarauz y dormíamos juntas, es el mismo verano de esa foto que tanto te gustaba a ti de niño, íbamos a Guetaria en bicicleta, me hablaba de Germán; él estaba en el extranjero y mamá a Lucía la quería mucho, se notaba que daba su visto bueno a aquellas nacientes relaciones. También Luis Burgos le gustaba a mamá para yerno, estudiante destacado de ingeniería, buen porvenir, familia conocida; pero a mí todos aquellos noviazgos tácitamente fomentados al calor de las familias me espeluznaban, y el propio Luis de manera de ser me espeluznaba un poco, su forma sistemática de escribirme, de mandarme flores, de pedirme relaciones en plan formal, jugar no le gustaba; les gustaba poco jugar a los chicos de ese tiempo, ahora jugáis siempre, tal vez incluso demasiado, no sé, puede haberse institucionalizado el juego y hasta ser ya aburrido, juegos demasiado fáciles e intercambiables, eso que decías tú antes, casuales, que no se les ve el hilo, pero entonces es que no había opción ni manera de probar a jugar, yo no sé si sería cosa de la posguerra, del miedo al riesgo que nos inculcaban en nuestras casas a todas horas, de tantas prohibiciones, de aquel vivir precario y encogido, como en sordina, lo cierto es que había poco margen para la indeterminación: "Date por vencida: o novios o nada", era un sambenito temeroso la palabra novio sobrevolando cualquier apretón de manos, cualquier posible amenaza de beso o aquella inolvidable languidez que se apoderaba del cuerpo al son de los boleros. Y yo me cocía en las ganas insatisfechas de jugar, de que no fuera ni que sí ni que no, me encantaba aquella canción de "tú siempre me respondes quizás, quizás, quizás", ¿para qué dejar las cosas claras?, novios, casarse, ¡qué horror!, el viaje de novios con la maleta llena de vestidos, las fotos en París o en Venecia y luego los domingos en familia y los niños, una nube de niños blanquísimos y crudos como verrugas, tan monos con sus lazos diciendo "mamá". Y sin embargo a mí el ingeniero aquél me atraía mucho, alto, ojos grandes, una forma especial de inclinarse bailando para hablarte cerca del oído, serio, muy varonil, como se decía entonces; se decía con su pizca de alarde porque la palabra varonil, al fin y al cabo, aludía al sexo, no era lo suficientemente recatada y aséptica. Luego lo he vuelto a ver alguna vez y está lleno de hijos, ha engordado, fatal, iba para casado respetable; yo le desconcertaba, creo que precisamente porque sólo le hacía caso a medias, pero como no me sabía comunicar bien su ardor, también él me intrigaba a mí: ¿qué clase de ardor sería el suyo?, ¿o es que no lo tendría?, tal vez fuera eso. Y aquellas noches en Zarauz tenía que acabar por confesarme que si me decepcionaban sus cartas era en definitiva porque hablaban más que nada de proyectos, de casarse, me disparaban comparativamente a mis apasionamientos solitarios de la niñez y comprendía que no tenían nada que ver con la historia de Adriana, es decir, que aquellos cánones de pasión de los folletines seguían vigentes en cierta manera, por mucha madame de Merteuil que hubiera intentado venir a triturarlos. Lucía me preguntaba a veces: "Pero bueno, ¿te gusta o no?", "no mucho", "pues déjalo, le estás haciendo sufrir", "¿de veras?, ¿tú crees que sufrirá?", y ella me reñía, me llamaba coqueta. A mí eso de ser coqueta por una parte me halagaba, prefería hacerle sufrir a sufrir yo, a suspirar pendiente de una carta y a perder las ganas de bailar más que con el ausente cuyas noticias se esperan; pero por otra, cuando veía a tu madre mirando el mar distraída con ojos soñadores, revivía las dulzuras entrevistas antaño a través de las novelas leídas en Louredo, y el resultado era muy complejo porque aquella especie de envidia inconfesada que me despertaba el ensimismamiento de mi amiga me volvía agresiva contra ella. "Eres tonta — la amonestaba —, te está metiendo en la boca del lobo, Germán tendrá miles de chicas en Alemania"; porque él no la escribía casi nunca. "Y a mí qué me importa, ninguna le puede conocer ni querer como yo, de eso estoy bien segura." "Pero no se te ocurra decírselo, cuando le escribas dile que sales con chicos tú también, es la mejor táctica"; y ella me miraba con pena: "Táctica, Eulalia, qué cosas dices, ni que estuviéramos en guerra". Siempre terminaban igual aquellas discusiones, las zanjaba ella con una frase firme y concluyente: "Mira, de verdad, déjame, yo sé muy bien lo que quiero".

Y sí que lo sabía, ya lo creo, en eso nos daba ciento y raya a todos los Orfila y los Sotero y los Allariz juntos, cuando ya decía eso era punto final, una barrera, aunque tampoco lo decía con aspavientos, no, nunca hizo el menor aspaviento, ni siquiera para morirse, los odiaba. Me acuerdo una tarde, estudiando el arte barroco para un examen que teníamos, apartó de improviso el libro con un gesto brusco de fastidio y dijo que se largaba a dar un paseo, que adiós. Estábamos en casa y la vi levantarse con bastante estupor porque no era un comportamiento habitual en ella, había sido como un ataque de ira contra la estampa de una portada churrigueresca que teníamos delante; la seguí con ojos perplejos, se estaba refrescando la cara en una jofaina antigua que tenía yo entonces en el ángulo de mi cuarto, me la había llevado precisamente de aquí porque me gustaba mucho. "Pero, mujer, ¿qué te pasa?", me atreví a preguntarle; y dice: "Nada, no lo aguanto más, me indigna, me da asco, si me sale el barroco me suspenden y en paz". Era el último curso que estudiamos juntas y había aprendido a respetar sus humores como ella aguantaba los míos; le pedí que se quedara, que, si quería, no seguíamos estudiando, pero que me dijera por favor lo que le había pasado para ponerse así. Se volvió a sentar, era mayo, nunca lo olvidaré, estaba la puerta de la terraza abierta y ya se había metido el sol, pasaban los vencejos persiguiéndose a chillidos y quiebros veloces por el cielo; estuvimos un rato calladas y al cabo, sin dejar de seguir los giros de los pájaros, primero poco a poco y luego a borbotones, se puso a hablar de tantas cosas y tan suyas, que si te las pudiera repetir ahora sería como regalarte un retrato de tu madre mucho más fidedigno que ese que te llevabas a la cama de niño, pero es inabarcable, no se puede. Sólo me acuerdo del arranque: dijo que las iglesias románicas no necesitan hacer gestos para atraer a los fieles y embaucarlos, que sus portadas son recónditas y sólo las traspone el que quiere descanso y olvido, nunca uno que va en busca de fantasmagoría como pasa en la época del barroco, que el arte barroco ya es puro aspaviento porque se ve obligado a sustentar una fe sin contenido, llamar la atención del transeúnte apresurado, hacer contorsiones, dar gritos, envolverle en volutas ampulosas; pero luego dijo muchas más cosas que ya no tenían que ver con el arte religioso, aunque todo tiene algo que ver en este mundo, claro, estaba muy excitada, nunca la había oído ni la volví a oír perorar con tanta pasión, me dejó muda, que cuidado que era difícil dejarme muda a mí, de eso que dices: me quito el sombrero, me estoy topando con un fenómeno genuino, lo menos que puedo hacer es callarme, guardarme para mejor ocasión mis citas de manual; y me estuve oyéndola y oyéndola sin interrumpirla hasta que nos llamaron a cenar, que ella se quedaba a cenar en casa muchas noches, casi dos horas, un tiempo que a las dos se nos quedó por siempre grabado en la memoria. Lo sé porque, años más tarde, la noche antes de morirse sacó ella a relucir ese recuerdo allí en vuestra casa de la calle de Alcalá; tenía los ojos cerrados y estaba yo sentada al lado de su cama; Germán se había dormido en un sillón y creí que ella también dormía, pero no. Abrió los ojos y se me quedó mirando, no se oía más que el tictac del reloj, qué difícil resultaba aguantarle la mirada con naturalidad, y sin embargo pensaba que cuánto iba a echar de menos después aquellos momentos en que todavía, si quería, podía hablarle, que luego se me ocurrirían miles de cosas que ya nunca tendría a quien decir; pero sólo podía estar atenta a que no se me descompusiera la mirada, a mantenerla desconectada de aquella opresión que sentía en el pecho. Y de pronto me dice ella despacio, le habían prohibido hablar mucho: "¿Te acuerdas de aquella tarde en tu casa qué charlatana estuve con lo del barroco?", le digo: "Claro, cómo no me voy a acordar, me he acordado muchas veces, ¿por qué?", y dice con los ojos cerrados otra vez, como si no se atreviera a seguirme mirando: "Pues nada, porque lo veo cada vez más claro, a las cosas serias les pintan mal los adornos retóricos, tantas veces, fíjate, como habremos hecho frases sobre la muerte y, ya ves, llega y no somos capaces ni siquiera de despedirnos", eso dijo, Germán, era divina.

Pero perdóname, te estoy poniendo triste, habíamos empezado hablando de tu padre, de si estaba perdido o no lo estaba, me he desviado mucho.

G. Cuatro

—No te importe, por Dios, en serio, bendita desviación, siglos te puedes tirar hablándome de mamá, es un tema que lo tocas y como si me tocaras la médula espinal, todo lo contrario de desviarte, sólo que a buenas horas. Quiero decir, entiéndeme, no es que ahora no me guste oírte, me encanta, de sobra lo ves, si no es eso, es que me da rabia, me haces perder el hilo de tu cuento a fuerza de pensar cuánto me habría gustado oírlo de pequeño, lo oigo y no me lo creo; tanto echarlo de menos se reconoce, claro, cuando al fin te lo vienes a encontrar lo que necesitabas sin saber bien qué era, y eran estas historias contadas así de noche por tu voz lo que me hubiera hecho falta como el comer cuando se murió mamá y luego te marchaste tú al poco tiempo, lo que pasa es que me fui aguantando el hambre, a ver qué remedio, pasaba un día y otro y un mes y otro y un año y otro y nadie volvía a hablar de ella, claro, ya acabas dejándolo de esperar, ¿tú te crees que hay derecho?, pues nada, ni nombrarla nadie, como si no hubiera vivido. No sé de dónde sacan que a los niños es mejor no hablarles de lo triste, si una cosa te está preocupando y zumbando en la cabeza todo el día, cuanto menos pie te den para sacarla a relucir más obsesión, se le ocurre a cualquiera, no hace falta haber leído a Freud, yo entonces que leía a Salgari lo veía igual que ahora sólo que más confuso porque no me atrevía a comentarlo con nadie, y cuando una necesidad la tienes que esconder para ti solo acabas viéndola como necesidad fantasma, de eso que piensas: "Bueno, nada, qué le vamos a hacer, seré un bicho raro". Eso es lo que adelantan, que no pidas nada pero que te sientas bicho raro; ahora, que a mí aquel silencio me hacía daño, vamos, eso lo sabía igual de seguro que cuando te sienta mal una comida, ahí al propio cuerpo no le vas a dar gato por liebre, y era cosa del cuerpo la necesidad aquélla: mi cuerpo no podía olvidar a mamá ni quería tampoco, si es que era absurdo, la única medicina habría sido estar todo el santo día oyendo hablar de ella; pues no señor, la ley del silencio, así que no me quedaba más salida que echar mano de mis propios recursos. De noche, a la hora en que solía venir a la cama a contarnos historias era horrible, esos ratos antes de dormirse, porque lo peor es que ella cuando vivía a veces tardaba en venir porque se entretenía algo con papá, pero acababa viniendo siempre, sin el cuento no nos dejaba como nos lo hubiera prometido, y claro sin querer te metías en una situación de esperanza parecida a aquélla: "Igual viene", y caer en la cuenta de que no iba a venir ni esa noche ni nunca te puedes imaginar lo que era. Mamá contaba los cuentos como nadie, incluso aunque fueran cuentos conocidos, era la voz, no sé, que los vivía, vaya; y faltando ella, acordarse de un lobo que iba por un camino o de tres viejecitas hilanderas era pura ñoñez, hasta mentira parecía haberse divertido con aquello, lo que hacía falta era acordarse de ella diciendo "lobo" y "viejecita", y me exprimía los sesos, te lo aseguro, para acordarme de cómo hablaba, de cómo se reía, pero eso de volver a ver una imagen no depende de uno, es cosa de suerte y de paciencia, de quedarse quieto como un pescador, que ya sabe que lo más fácil es que no vaya a pescar nada, son tontos los esfuerzos; y sin embargo yo los hacía, cerraba mucho los puños y los ojos a ver si pensando por qué sitios del pasillo solía venir, en qué lugares se sentaba, qué ropas vestía, me iba a salir mamá dibujada con olor y color en aquella especie de arenal que me caía encima con la noche cuando dejaban de oírse ruidos por la casa, como en un desierto, no me quedaba más que la imaginación, por eso la ejercitaba tanto. Una cosa que hacía, por ejemplo, era mandarme a mí mismo estar relajado y tranquilo, decir: "Es una pausa que ha hecho ella en el cuento, tú quieto, Germán, paciencia, ahora vuelve a hablar, verás", que ahí aprendí yo, ya ves, a hablar conmigo mismo, la cosa de la triquiñuela verbal, "Germán, esto", "Germán, aquello", como si me lo dijera otro, ese desdoblamiento que ahora andan explotando tanto en literatura, y me ha servido en muchas ocasiones, no creas, lo que pasa es que cuando se abusa viene a ser como competir uno al ajedrez consigo mismo, a la larga dañino para el temple; y ya te digo, por muchos trucos que usara y por muy fuerte que cerrase los ojos, nunca volvía la voz aquélla a echarme un cable desde fuera y dentro de los párpados todo seguía estando a oscuras. Durante muchos años el hueco de mamá no me ha dejado dormir, daba miles de vueltas con aquella sensación perenne de frío detrás de la nuca, ya ves el tiempo que ha pasado pues todavía me acuerdo de cómo era y algunas noches de insomnio lo siento igual y me dan ganas de llamar a mamá, y es que todas las cosas que haya podido echar de menos luego nacen allí, si tiras del hilo, en aquella ausencia tan mala de llevar y en haberla tenido que llevar a solas. Lo que pasa es que con el tiempo te resignas a que cada cual aguante lo suyo y a no esperar milagros, ahí está la diferencia, en que entonces los esperaba y los esperé mucho tiempo: pensaba que alguien tenía que venir a consolarme, a arrodillarse al lado de mi cama para que le contara lo mal que lo estaba pasando. Me figuraba a una mujer que se ponía a acariciarme y me dejaba llorar lo que quería, me decía: "No me voy, no me voy", era lo primero que me decía, que teníamos toda la noche por delante, unas veces eras tú — quiero decir, llamaba Eulalia a aquella mujer inventada —, otras la propia mamá, lo cual resultaba absurdo, contarle que le estás echando de menos a alguien que te acaricia y te habla, pero bueno, ya tenía tal confusión a fuerza de pensar siempre en lo mismo que hasta amalgamas así me salían; casi siempre ya muerto de sueño, porque cuando dejaba de luchar por dormirme el sueño iba bajando como siempre pasa, una lluvia de estrellitas rojas; pero por muy amodorrado que estuviera todavía me daba tiempo a pedir una cosa: soñar con mamá, porque yo sabía bien que sólo en los sueños se me aparecía clara y con sus movimientos de verdad, y ahí sí que no influía nada la voluntad, era un prodigio y los prodigios hay que implorarlos. "Que sueñe con mamá", se lo pedía al cielo, no al abstracto de las estampas de primera comunión sino al cielo concreto de aquella noche, y cuando no me daba demasiada pereza, me asomaba a mirarlo, entonces brillaban más las estrellas, no había tanta polución, para mí, oye, es que lo de las estrellas es vicio, como tú con la luna, desde muy pequeño. Lo malo es que a la mañana siguiente, si había soñado con ella, lo sabía, pero de los detalles me acordaba sólo a medias, se me evaporaban las imágenes del sueño; y era por lo mismo, por no tener a quien contárselo, en cuanto abría los ojos volvía a la pesadumbre esencial: ahí estaba el problema, el de querer hablar y no tener con quién.

Papá me había encargado que a Marga procurara no hablarle de mamá porque la pobrecita se podía poner triste, me lo dijo sólo una vez, al principio, pero se notaba bien que era un encargo solemne, de persona mayor a persona mayor, no sé si incluso mencionó mi responsabilidad, seguramente sí, porque a partir de la muerte de mamá lo de ser mayor me cayó encima como una losa y las palabras mayor y hombre las llegué a odiar de tanto como me las repitieron, pero sobre todo hombrecito que era la preferida de Colette. A mí el que a la niña la pusieran bajo mi tutela y me la presentaran como un ser más frágil y vulnerable que yo, en algunos momentos me podía enternecer, pero normalmente se me hacía cuesta arriba tener que ocuparme yo de otro cuando lo que quería era que se ocuparan de mí, y llegué a concluir que de ser mayor y de ser hombre se sacan pocas ventajas y no me gustaba ser chico, te digo la verdad, ya sé que está muy mal visto eso. Me parecía que Marga sufría menos, sería porque era más pequeña, de acuerdo, pero bueno, eso mismo demostraba que yo por ser mayor necesitaba más cuidados, no sé, no lo entendía, y además me daba rabia que me encomendaran a la niña y la pusieran bajo mi custodia, yo no la quería por obligación, la quería porque sí, porque pequeña y todo era mi único refugio. Papá estaba distraído y ausente, antes nos hablaba más, no sé si sería que le influía mamá de tanto quererle como dices tú que le quería, pero era más dulce, la viudez le había vuelto reconcentrado, supongo que lo pasaría mal, no lo dudo, pero era un pasarlo mal que le separaba de nosotros, así que cómo no iba a querer yo a Marga, qué otra cosa tenía. Lo malo es que la cambiaron de cuarto; fue una de las primeras disposiciones de la institutriz de la boca piquito, que yo le dije a Marga que hablaba como en las películas así en plan cantarín, ahora habla mucho más ronca pero entonces parecía una niñita sensible, lo decía todo poniendo voz infantil y usando términos infantiles, diminutivos sobre todo, se ve que le parecía educativo: "las nenas tienen que dormir solitas", y nos hundió; bueno, por lo menos me hundió a mí, a Marga no le molestó tanto, me parece, le organizó un cuarto individual en menos de lo que se tarda en decirlo, se lo puso bonito y lujoso, papá ganaba cada vez más dinero y había empezado a iniciarse su necesidad de despilfarro, no sé si mamá se la frenaba o es que antes eran más pobres, lo cierto es que Colette en aquella ocasión no se paró en barras, cuánto le han gustado siempre las mudanzas y los trasiegos, Señor, no nos dio tiempo ni a hacernos a la idea; papá es que además estaba como tonto, se había desentendido de todo y miraba sin ver, oía sin escuchar, yo no entiendo cómo no protestó de aquella medida tan absurda, mamá nos había bañado siempre juntos y no andaba con esas tonterías; para mí que permitiera aquello fue algo criminal, pero en seguida me di cuenta de que no tenía aliado en nadie, con él no se podía contar y a Marga era evidente que le hacía bastante ilusión el cuarto nuevo. Un día me decidí a insinuarle a la propia Colette que a mí no me gustaba que me separasen de mi hermana, pero era una protesta tímida, el derecho al pataleo; la hice con poca convicción porque de sobra comprendía que a la propia inventora de la reforma no la iba a convencer de su inutilidad, esto sin contar con que el día en que por fin me atreví a decírselo ya estaba la casa llena de carpinteros y ella por allí dando órdenes como el pez en el agua; casi ni me escuchó, tenía una forma muy molesta de fingir atención que era acariciarte el pelo con las uñas puntiagudas mientras hablaba con los demás y dejaba en suspenso tu pregunta, lo cual obligaba a repetírsela una y otra vez, ya he visto luego que eso es muy frecuente en señoras, pero mamá nos tenía muy mal acostumbrados, nos atendía siempre a la primera interrumpiendo lo que fuera para escucharnos, claro que yo de eso ya me había despedido, con que esperé con mi santa paciencia a que Colette terminara de hablar con los operarios aquéllos y por fin a la tercera vez me miró y dice con toda normalidad: "¿Que por qué cambiamos a tu hermanita a otro lado?, pero hombre, ya os lo dije el otro día, ella es una nena y tú un niño, no duermen juntos las niñas y los niños". "Pues sí duermen juntos, nosotros hemos dormido siempre juntos." "Ya, pero no pensarías seguir toda la vida así." "Yo no pensaba nada, yo estaba bien." "Pregúntale a tus amiguitos y verás, ningún niño duerme con sus hermanitas." Se me había quedado mirando con triunfo, como si aquella ocurrencia súbita dirimiera cualquier objeción, son de esas frases que no te convencen de nada, que simplemente te aburren y te apagan las ganas de continuar la controversia de puro salirse del tema a base de vaguedades; ¿pero qué amiguitos?, siempre comparando con los demás, con gente abstracta, estaba tonta, no se podían resistir aquellas razones que ni tenían lógica ni tenían imaginación, hubiera sido preferible que dijera: "A los niños que no aprenden a dormir solos les salen chispas del pelo y algunos días se vuelven murciélagos", o no sé, cualquier bobada así, como las que nos contaba Rosa, aquella cocinera tan bruta que tuvimos, que no te convencía de nada pero por lo menos te divertía con cuentos y chismes de su pueblo y admitía todas las preguntas que le quisieras hacer hasta el infinito, al contrario, lo que te agradecía es que no le dejaras de ir nunca tras la pregunta ni te marcharas de la cocina o de su cuarto, mil veces mejor las criadas que las institutrices, otra viveza, otro cariño, ni comparación; pues nada, que le preguntara a los amiguitos, ya ves tú. Y lo malo es que se salía con la suya, que aquellas razones para algunos eran válidas porque yo les pregunté luego a muchos chicos en el colegio y resultó que ninguno dormía con sus hermanas, cosa que encontraban natural y hasta algunos se rieron con malicia: "Ya dormirás con tu mujer cuando te cases", y recuerdo que es la primera vez que me rondó un deseo que más adelante había de fatigarme mucho, lo vi muy claro, como un fogonazo, quería ser mayor para casarme, no para tener una carrera como papá ni para dejar de tener miedo al caer la noche ni para fumar ni para nada de eso, sólo para poder casarme, para que me permitieran llevarme a la cama a una chica que no tuviera prisa, para meternos los dos a hacer juegos debajo del embozo, alguien que supiera bien hablar y jugar y escuchar, que me escuchara sin decirme "ya basta", porque para mí entonces estaba ya más que clara una cosa: poder hablar era quererse, y antes de que los primeros hormiguillos de la pubertad se empezaran a hacer insoportables ya había asociado la idea de amor a la de conversación y se me han quedado unidas irreversiblemente como la uña a la carne. Así que me aguanté y me preparé a esperar pacientemente la feliz coyuntura de que el mundo me diera permiso para acostarme con una niña sin que fuera pecado; el matrimonio empezó a parecerme una solución maravillosa, y a pesar de lo distante que lo veía, pensaba que bueno, que por lo menos había esperanza, lo malo es cuando no la hay ni siquiera a largo plazo; pero en el entretanto no sabes lo

que echaba de menos a Marga, su respiración allí en la oscuridad, entonces me di cuenta de lo que la quería, de la
compañía que me hacía antes cuando dormíamos mesilla
por medio, simplemente saber que la podía llamar, encender la luz y verla dormida tan acurrucada y tan mona con
su osito en los brazos, eso se había acabado. Algunas noches me iba a su cuarto de puntillas, me metía en su
cama y la besaba mucho rato, le decía: "¿Quieres que nos
contemos cuentos?", porque en el fondo es a lo que había ido, a hablar con alguien, las caricias no me bastaban;
pero ella, cuando le tocaba contar era lenta y simplona y
cuando me tocaba contar a mí no me interrumpía nunca
porque se dormía en seguida con la cabeza hundida en el
cuello del osito famoso que tanto quería, todavía lo tiene
despeluchadísimo y tuerto, Mojandrían, yo no me daba
cuenta de que se había dormido hasta después de bastante rato y me indignaba mucho que me hubiera dejado
encandilarme y tomar altura sin avisarme de que me estaba dejando solo con mi palabra contra el vacío, de un segundo a otro, zas, caía como un tronco, y ahora comprendo que la pobre no tenía la culpa pero entonces no lo podía comprender, pensaba que eso se avisa, que era una
traición por la espalda, nadie me sacaba de ahí; y lo gra-
cioso es que todos los días me sorprendía como si fuera
la primera vez que me lo hacía, que total no me hacía
nada porque su sueño no estaba dirigido contra mí, pues
yo nada, me cogía unos cabreos impresionantes, me sentía ofendido en mi oratoria que desde luego era una mezcla de Poe y los hermanos Grimm, no sabes tú el fuego
y el esmero que ponía en aquellos cuentos que inventaba
para Marga, nunca aprendía a ser más parco, y quería saber por lo menos cuánto tiempo llevaba hablando solo

"¿Te has dormido, di? ¡Di! ¿Cuánto tiempo llevas dormida?", es desesperante hablar al aire, el mayor desprecio que te pueden hacer, yo comprendo que la gente que quiere hablar y no tiene con quién se vuelva medio loca como esos pobres rollistas viejos que andan a la deriva por las tabernas buscando víctima, pero casi es peor, a fin de cuentas, el desengaño de contar con un oyente que incluso puede haber sido él quien te haya metido en la danza de que le hables y de pronto notar que ha echado el cierre y no te está oyendo nada, es para perder los estribos, cuántas veces me ha pasado eso luego ni te digo, cada día pasa más, y siempre que me vuelvo a ver en una situación así me acuerdo de aquellos cuentos que le contaba a Marga y que se desperdiciaban miserablemente; ni siquiera me decía cuánto tiempo llevaba dormida, me volvía la espalda ya descaradamente, y tanta rabia me daba que no contestara que llegué a veces a sacudirla fuerte, porque es que en casos así yo comprendo hasta la agresión a mano armada, y ella lloriqueaba entre sueños: "Déjame, que me dejes", el chantaje de siempre, ya salía otra vez lo del ser débil que había puesto papá bajo mi cuidado; desde luego era muy pequeña, tres años de diferencia a esa edad se notan mucho; total que encima me volvía a la cama con mala conciencia y más solo que antes, pero además teniendo que ocultarme como si viniera de hacer algo feo porque para Colette el ir yo al cuarto de mi hermanita por las noches era un acto reprobable en sí mismo. Una noche me vio salir de allí llorando y le tuve que explicar que le había contado a Marga un cuento muy triste y entonces se puso a reñirme porque a la niña no había que hacerla llorar nunca bajo ningún pretexto, y ya entonces estallé: "Pero si ella no llora, ella se duerme, por eso lloro yo"; se quedó callada y luego en mi cuarto, mientras me arreglaba las sábanas, me preguntó ya con voz más dulce: "Pero dime, ¿por qué era triste el cuento?", la miré y creo que es la única vez en mi vida que he sentido la tentación de abrirle mi corazón a Colette porque lo sentía estallando, pero la vi allí erguida y tan compuestita con esos ojos que tiene que de puro claros son insípidos, y sólo conseguí decirle que era triste porque salía un hada que tenía la cara de mamá y nos miraba a Marga y a mí sin conocernos, nos daba golosinas y juguetes en una fiesta campestre y nos acariciaba, pero todo sin conocernos, como a otros niños de los que había divirtiéndose por allí, o sea que le conté un poco el cuento también a Colette, y bueno, por lo menos esa vez se me quedó mirando como si hubiera comprendido algo, aunque luego, al apagar la luz, lo echó todo a perder con la coletilla que solía usar para dejar claras las posiciones respectivas: "Pero bueno, no tienes que hacer caprichos, eso no, ya eres un hombrecito". A mí este diminutivo se me había hecho insoportable, lo sacaba continuamente a relucir, pero sobre todo lo esgrimía como santa bandera para desanimarme de mis tendencias a jugar a juegos tranquilos o de meterme con muñecos en la cama, uh, eso le horrorizaba: "Pero Germán, a ver si vas a querer ser una niña"; pues sí, muchas veces estaba a punto de decirle que sí, que me hubiera encantado ser una niña porque no le veía a la cosa más que ventajas, por puro desafío, porque me irritaba aquella alarma desmedida, pero no me atrevía, y el hecho mismo de no atreverme me hizo intuir que en esa materia existía como un complot externo contra la libertad de las personas.

Y lo hay, qué duda cabe, ser hombre o mujer tal como te

coaccionan a serlo esos esquemas es una entelequia que te impide ya para siempre la espontaneidad; yo esto se lo digo a Ester cuando se pone en plan de emancipada y *woman lib,* que se pone muchas veces, es su faceta más siniestra porque por lo demás es inteligente, todos los líos salen de esas diferencias que nos meten de pequeños y que nos embarullan la capacidad de ser nosotros mismos como querríamos ser; una chica lo mismo si dice que está contenta con serlo que si envidia a los hombres, es lo mismo, está respetando patrones que no los mueve ni San Pedro, ¡qué más da chico que chica ni qué significa, si vas a mirar!, lo que importa es ser lo más persona posible, y mientras no te rías un poco de esos esquemas tan solemnes eres como un soldado luchando por una causa que han inventado otros, porque es eso, te ves en una guerra sin comerlo ni beberlo; yo qué culpa tengo de que a la madre de Ester le haya ido fatal con su marido y a la hija le haya inculcado la idea de que los hombres son seres agresivos, que abra los ojos y vea que yo no lo soy ni tampoco su enemigo, que no tienen por qué existir bandos ni esa distribución de papeles tan tajante, si no deja de pensar en si es una mujer o no, cada vez lo será más, pasa como con las moscas, cuanto más caso les haces más pican; y a lo que ya no me atrevo es a defender a su padre porque creería en seguida que lo defiendo por ser hombre, pero me dan ganas de decirle que a una persona tan histérica como su madre quién la va a aguantar, no se lo digo porque, pobre mujer, tampoco tiene ella la culpa, ya lo comprendo, es cosa de su historia y de como la educaron, da pena, está hecha un guiñapo, todo el día bebiendo y sustituyendo a unos amantes por otros, a base de operaciones estéticas y con una insatisfacción que no se aclara, y me parece muy bien que Ester la defienda y no la culpe de nada, pero en fin, tampoco él si un buen día se hartó y reaccionó en plan machista tiene la culpa, qué iba a hacer, pues eso, lo que le enseñaron de pequeño, y volvemos a lo mismo siempre a lo del hombrecito y la nenita, es como el cuento de la buena pipa. Pero lo cierto es que por culpa de todas esas pamplinas yo me tengo que entender mal con Ester, ya ves tú, no comprende que los dos lo hemos pasado mal de pequeños y hemos tenido que disimularlo y que eso nos debía unir porque ahí está la madre del cordero, en el despiste y la soledad que se chupa uno por esos años, en lo mal que te lo explican todo, y eso lo padece igual un niño que una niña, qué más dará, lo que pasa es que luego cada cual reacciona como puede.

Pero claro, si ni a Ester, siendo bastante lista y con lo que la quiero, la logro apear de sus esquemas, imagínate en aquellos años cómo iba a haberme entendido Colette, caso de que hubiera podido hablarle de estas cosas, que además entonces, como comprenderás, no las tenía ni medio claras, eran simples intuiciones, reacción contra las bobadas que decía ella, me callaba, qué iba a hacer, aunque dentro de mí estuviera seguro de que sus argumentos no me convencían, pero ella en cuanto no le contestas se cree que te ha convencido, no concibe el silencio como reprobación y en general no concibe el silencio, así que seguramente por eso, porque pensaba que me estaba convenciendo de algo, se envalentonaba y hacía tan prolijas aquellas diferencias de manual entre la psicología de los niños y de las niñas, qué pesada se ponía, y con sus hijos sigue lo mismo o peor porque encima ahora se le ha agriado el carácter, compasión me dan los pobres chavales, sobre todo Alvarito que es con el que la tiene más tomada, el segundo, el más majo.

Pero en fin, ya te digo, por lo menos hasta que se casó con papá, a veces parecía entender la raíz esencial de mi tristeza, aunque no su peculiaridad, es decir que comprendía el esquema: Yo había perdido a mi madre y estaba triste porque los niños necesitan una madre, hasta ahí le entraba en la cabeza, le parecía justo y permitido. Incluso en alguna ocasión, para justificar ante papá mis silencios, mi distracción o mi mal humor oí que le decía: "pobrecito, se acuerda de su madre", pero aquel posesivo en sus labios a mí me resultaba un pegote, una atribución convencional y casi irritante porque nadie que no hubiera conocido a aquella persona que yo echaba de menos tenía derecho a adjudicármela como madre, dirás que eso es una exageración, pero es que yo por esa época era exageradísimo en la defensa de mi propio dolor, me arropaba en él como en lo más mío que tenía y a la gente había llegado a dividirla en dos categorías, la que había conocido a mamá y la que no, y las personas de este segundo grupo, aparte de interesarme muy poco, con qué permiso se metían a opinar sobre lo que me estaba pasando si les faltaba la referencia esencial; me negaba a dejarme medir por el rasero de los demás y me gozaba en rechazar aquellos consuelos elaborados sobre una relación existente entre otras madres y otros hijos porque esa relación qué tenía que ver con la nuestra ni en qué se iban a parecer otras señoras a mamá. De todas maneras disculpaba a Colette pensando que bastante desgracia tenía con no haberla conocido ni saber cómo era, incluso con su ignorancia me daba motivos para estarle un poco agradecido porque cada vez que la nombraba — y eso me pasaba con ella más que con nadie — se me encendía el cuerpo en una especie de engreímiento solitario que no dejaba de ser un placer, la miraba como a una vil hormiga desde el olimpo: "Ella qué sabrá, la pobre"; antes lo has explicado tú muy bien cuando hablabas de la resistencia a dar por perdidos los amores que te han marcado mucho, es exactamente eso, no se quieren injerencias de los demás, qué remedio te va a dar nadie, claro, te refugias en la soberbia, cuando hablabas de eso pensaba que es verdad y me estaba acordando de lo que sentía yo al principio con Colette cada vez que le oía pronunciar la palabra "madre".

Pero lo verdaderamente horrible fue cuando se dio por ascendida ella misma a ese rango; entonces sí que era peor el remedio que la enfermedad, porque si sospechaba que estaba triste venía con arrumacos y zalamerías que pretendían ser de madre y no de institutriz, ¡qué grima!, ¿cómo iba yo a recibir consuelo de quien se había convertido en la causa principal de mi tristeza?, eso sí que no, prefería no volver a llorar en toda mi vida y desde luego delante de ella no volví a llorar jamás, allí aguantando serio como un hombre o seriecito como un hombrecito, si en eso consistía crecer desde luego crecí, se salió con la suya, pero a la fuerza, porque no había más remedio, sentía que me arrinconaban la infancia y me obligaban a darla por cancelada aunque la tuviera en carne viva. Y lo peor era tener que descartar para siempre la esperanza de que mamá pudiera volver a aparecer. Las esperanzas no se fundan propiamente en nada; la mía era como un murmullo interior, dispuesto a renacer de su sordina al darse fuera determinados ruidos, olores o colores, también ciertos objetos de la casa que repentinamente tomaban expresión de rostro humano, era un sobresalto, una tensión súbita de todo el organismo alzándose contra la realidad, rechazándola por nociva y engañosa. ¿Cómo iba a ser verdad algo que sentaba tan mal?, ¿y si fuera mentira?, ¿y si volviera ella?, ¿por qué no?, ¿por qué?, ¿no estaban esperándola todas las apariencias? Pero luego, a partir de aquella boda, que fue además como un escopetazo porque se marcharon fuera para casarse y lo supimos cuando ya no había remedio, se quebró esa última posibilidad de recurrir a la esperanza, fue como si me hubieran retirado un andamio; ya no era cosa de soñar prodigios, de mirar la puerta del dormitorio o de la cocina con el corazón en vilo, ahora había empezado un reinado distinto que se plantaba encima del anterior sin más contemplaciones; sólo un ciego o un sordo podrían empeñarse en seguir ignorando a aquella nueva reina sonriente y ruidosa que lo invadía todo, que cambiaba de sitio los objetos y muebles más queridos, ahora sí que empezaba a llover tiempo encima de mamá, ahora ya de verdad me la quitaban, había otra en su sitio, ¿qué esperanza cabía ante una cosa así?, había que aceptarlo, ser hombre, sí, los hombres no lloran, otros padres se casan de segundas, sufría como un perro. Transformaron el dormitorio, lo empapelaron de malva y Marga dijo con fascinación que parecía de cine; yo siempre asociaré el taconeo de Colette al salir de aquel cuarto por las mañanas con un peso que se me ponía en el pecho en cuanto abría los ojos y que tardaba mucho rato en desaparecer por bien que hubiera dormido, por mucho que luciera el sol, por proyectos que tuviera para aquel día; era algo así como un rezumar de oscuridad, un dique entre la luz y mis pulmones, un dolor sordo que hacía fuerza para que no entraran ni el aire ni el sol, algo que latía avisando: "nunca más, nunca más, ya eres mayor". Me fui volviendo retraído y silencioso, posiblemente a papá le preocupaba; después de casarse me pareció notar que había vuelto a pensar algo en mí, me preguntaba a veces que qué me pasaba, pero no sabía esperar la respuesta, papá ha hablado siempre marcando la distancia entre él y los demás, él está más arriba en una especie de tarima, a lo mejor tú por ser su hermana no lo notas tanto, pero para mí era horrible, yo necesitaba tiempo y pausa para hablar, en los exámenes orales me pasaba lo mismo, y papá era en eso como algunos profesores, se le notaba la prisa por tener una contestación rápida y clara, preguntaba ansiosamente, deseando resolver el problema, allanarlo cuanto antes para poderlo olvidar, me daba golpecitos en la espalda, me decía con voz animosa: "Vamos, Germán, hombre, que no se diga", y también: "Pero hombre, ¿qué cara es ésa?" o "No se muera vuesa merced, hombre". Eran ánimos de hombre a hombre, del mismo tipo que las fórmulas que regían el comportamiento de los chicos de mi edad, aquellas que mandaban ser valiente, no dejarse pegar, no llorar nunca y que yo sentía completamente extrañas a las exigencias de mi cuerpo; me las acomodaba encima a duras penas, como un saco de piedras que me hubieran echado, y lo que más me extrañaba y me desanimaba era no encontrar eco en los demás niños, notar que ellos parecían estar cómodos siendo atrevidos y violentos, obedeciendo, en definitiva, los mandatos de aquel código de la virilidad. Ponían gestos de insolencia, sangraban con orgullo por las narices, me llamaban cobarde si no entraba en peleas, despreciaban a las chicas, se contaban porquerías; y a mí, al acabarse el día, me parecía que no le había dicho a nadie una sola palabra ni nadie me la había dicho a

171

mí, tampoco me acostaba pensando que hablar era otra cosa.

Y un día viniste tú. Nos lo anunció papá: "Ha vuelto la tía Eulalia". Yo no sé la de veces que en todos esos años te habría llamado en momentos de angustia, por las noches "eulaliaeulaliaeulalia", como cuando se reza, pronunciando tu nombre con los puños cerrados, acordándome de la foto de las bicicletas, del gesto que tenías en aquel momento abrazando a mamá; hasta había pensado enterarme de tus señas y escribirte a París o al sitio en que estuvieras pidiéndote que me contaras cosas de esa tarde y de ese verano en que te pretendía el ingeniero — todo lo que hace un rato me has contado por fin, ya ves, sin que te lo pidiera —, pero luego pensaba que París está lejos, que por el camino que la carta llevara se perdería aquella urgencia momentánea de mi necesidad, te imaginaba cogiendo aquel papel, leyéndolo con ojos de extrañeza y no lo podía soportar. Yo en cambio habría bebido tus palabras cualesquiera que fuesen si me hubieras escrito, pero no lo hacías nunca; a veces le ponías postales a papá y él nos decía que mandabas recuerdos, yo le pedía que me dejara verlo y sí, allí lo ponía, al dorso de un paisaje de colores: "recuerdos a los niños", pero ¿y eso qué era?, una miga de pan para un hambriento, yo quería saber qué pensabas después del cataclismo de Colette, cómo te habías quedado con aquella noticia, dónde la habías recibido, qué frases exactas le habías escrito a papá, todos los detalles, todo. Un día, poco tiempo después de la boda, me había atrevido a preguntarle a él por ti, que dónde estabas; me costó cierto trabajo y se lo pregunté sin mirarle, me daba vergüenza que percibiera el ansia que había dentro de aquella pregunta, era como un desafío sacar tu nombre a relucir en semejante ocasión, como plantear un ajuste de cuentas, creía que se iba a notar que lo que le quería decir era: "Pero bueno, ¿y qué piensa la tía Eulalia de este disparate de tu casamiento?, ¿qué dice ella?, ¿cómo no ha venido a impedirlo?", y me quedé muy consternado cuando le oí decir con voz totalmente normal que estabas en la India. ¿Pero cómo que en la India?, es que no me cabía en la cabeza; yo en Geografía sacaba siempre unas notas muy brillantes, la India está lejísimos de todo, quién se va a la India así de repente sin avisar, y papá por qué no nos lo había dicho. "Vamos, supongo que estarán — puntualizó papá —, hace mucho que no sé de ella, en la última carta decía que se iban." Yo no podía resistir aquella noticia, el suelo me fallaba debajo de los pies, ¿sería posible que te hubieras ido tan lejos sin enterarte de que papá se iba a casar con Colette?; y ya me puse a hacerle preguntas a borbotones: pero ¿cuánto tiempo hacía que te habías ido?, ¿cuánto tiempo que se lo habías dicho a él?, ¿cuánto tiempo ibas a estar allí?, la cuestión del tiempo me parecía en aquel momento preciosa y primordial para fundamentar sobre ella alguna conjetura, pero a juzgar por la calma y por la imprecisión con que me contestó papá deduje que de la misma manera que a él le traían sin cuidado tus desplazamientos, aunque fueran tan espectaculares como aquél, a ti también podía serte indiferente el rumbo de su vida y como consecuencia de la mía, y que me iba a quedar para siempre sin saber si la noticia de que Colette era mi madrastra la habías recibido en un bar de los bulevares parisienses o bañándote en el Ganges; papá simplemente remató diciendo que ibais a hacer varios viajes largos en aquel año porque tu marido había heredado un dinero y no lo queríais guardar y que posiblemente la idea de viajar había sido tuya. A mí de todo aquello lo que más me intrigaba era tu paradero, el del momento en que papá estaba hablando conmigo de ti, imaginarte en un paisaje concreto, poder estar seguro de que no eras una mentira. "¿Pero tú no tienes sus señas?, ¿no sabes dónde está ahora?" "No, no, cualquiera sabe, pero volverá a París, y aquí también volverá." "¿Cuándo?" Papá se echó a reír: "Qué pregunta, cuándo, eso sí que es imposible de decir, ya sabes cómo es ella". Y yo sentía una rabia horrible contra ti en aquel momento, rabia de impotencia que es la más envenenada y dije: "No, yo no sé cómo es ella, no tengo ni idea ni me importa", pero dije un "no me importa" totalmente de dientes para afuera, de esos que has dicho tú antes que no te liberan de nada porque no son verdad, que se dicen por revancha, te odiaba, me parecías injusta y cruel y me marché del cuarto porque estaba a punto de echarme a llorar. Y fue pasando un tiempo que no calculo, veteado de cuando en cuando por aquellas tarjetas postales que mandabas desde lugares distintos, y poco a poco dejé de esperar aquel sobre abultado a mi nombre con la explicación que me debías; días y días, noches y más noches y nada, yo creciendo, acostumbrándome al saco de piedras, hay un refrán italiano que dice una amiga de Marga: "El saco de piedras se va acomodando por el camino", pues eso me pasaba a mí según llovía tiempo encima del reinado de Colette. Nos mandaron varias temporadas a Palencia a casa de los abuelos y los tíos de allí, pero tú los conocerás, son gente aburrida y estrecha, de mucho suspirar, de mucho qué dirán, de mucha misa y rosario, de decir a cada momento: "tu madre la pobre" o "tu madre era una santa" y mirarnos con compasión infinita, una compasión que a mí no me alimentaba, no sé en qué consistía, eran besos y atenciones que no sentía dirigidos específicamente a mí y a mis necesidades de Germán Orfila Vélez sino al nieto y sobrino de Madrid al que se conoce poco, pobrecito, y con madrastra, a ver si se distrae aquí y toma el aire un poco, tan callado y con esa hermanita tan mona, o sea que se dirigían a mi letrero de niño huérfano, nos llevaban, traían, exhibían y agasajaban como a niños huérfanos y tampoco era eso, yo eso lo rechazaba más todavía que el despego de papá; a mí no me tenían que compadecer por tener madrastra sino porque esa madrastra fuera Colette, que ni nos maltrataba como las madrastras de los cuentos ni podía decirse con propiedad que fuera mala, un día se lo dije a la abuela, ya harto de tantos suspiros y compasiones: "Si se porta muy bien, abuela, si con ella no nos falta de nada, si lo que pasa es que es una cursi de miedo y se hace la fina y la sociable y la deliciosa, si eso es lo peor, a lo mejor a vosotros os caía bien", y eso se lo dije porque el tío Aurelio estaba recién casado con una rubita a la que todos celebraban mucho en la familia y la veían muy elegante y muy chic y se parecía bastante a Colette y hasta en peor. Total, que yo a los pocos días de estar en Palencia me aburría y estaba deseando largarme, los primos son pequeños y además muy timoratos y repeinaditos, no hablaban más que del demonio y de comuniones, yo me iba de paseo por la ciudad que apenas pasaban coches y al río y a las afueras; de la casa lo que más me gustaba era un patio interior que tiene donde me dijeron que jugaba mamá cuando era niña; también vi varias fotos de ella, pero nadie me contó cosas que me la hicieran revivir, no digo como las que tú me has contado esta noche porque eso ni en sueños lo esperaba de nadie, pero por lo menos alguna frase que me diera datos de su paso por la vida, pues no, sólo que era muy buena y que cuánto había sufrido, a mí me producían malestar aquellos comentarios uniformes que se empeñaban en presentarme a mamá como a una sosa de muerte; era un alivio volver a casa a pesar de todo, te lo aseguro, cada uno tiene lo suyo, malo o bueno, lo suyo, y al fin y al cabo mi recuerdo de mamá estaba entre las paredes de casa, por mucho que las hubiera pintado o empapelado Colette eran las mismas y no albergaban el recuerdo de un ser que había sufrido como entre los muros de una cárcel sino que se reía y nos daba vida y calor; reaccioné contra tanto sufrimiento, a ella no le habría gustado verme suspirando como un viejecito entre la caterva aquella de parientes en Palencia, de eso estaba seguro, ni misas por su alma ni tanto luto eterno. Y con estas reflexiones y los meses pasando, las piedras del saco se acomodaban y yo iba terminando mi bachillerato, les había empezado a gustar a las chicas y ya no me agobiaba ser el hijo mayor porque había aprendido a desligarme y era mayor por fin de una manera auténtica, *motu proprio,* como el resultado de algo que va de dentro afuera y no al revés, y en casa me empezaban a considerar como era y a dejarme en paz, ya no me metían rollos y en cierta manera vivía contento.

Como que cuando ese día dijo papá de pronto en la mesa que habías vuelto, no levanté la cara del plato tan siquiera, pensé: "A buenas horas, ahora ya para qué", pero aunque paladeaba como un desquite el gusto de ser mayor al notar que era capaz de seguir comiendo tan tranquilo, la verdad es que en aquel "ahora ya para qué" no había sólo gozo por haber aprendido a bandearme sin ayuda, por haber aceptado el trato distante de papá y a Colette y al primer hermanito de su vientre, no, te mentiría si te dijera que el corazón no se me alborotó un poco y que no sentí una sombra de rencor contra tu vuelta tan inútil; al pensar "ahora ya para qué" se me agolparon todas mis apasionadas invocaciones nocturnas, la espera baldía de tus noticias, las conjeturas acerca de tu paradero, se me removió la tierra echada a propósito sobre aquella curiosidad que me consumía por saber cómo habrías reaccionado al enterarte de que papá volvió a casarse, todo a flote otra vez; era un asunto sobreseído, sí, se le había dado carpetazo, pero también a algunos detectives les mandan abandonar ciertos casos que para ellos no quedaron claros del todo y hasta pueden decir cuando archivan el expediente: "¡uf, qué bien!, estaba hasta el gorro de pesquisas inútiles", pero si un buen día vuelven a toparse con los protagonistas de aquella historia, ¿cómo no va a encendérseles la sangre por el esfuerzo tirado a la basura?; ya te digo, seguí comiendo como si nada, ¿que viene Eulalia?, pues que venga, ¿dio ella alguna señal de vida cuando se casó papá, le importó algo?, pero cuando papá me preguntó directamente: "¿No te alegras, Germán, de que haya vuelto?, la vas a ver mañana, vienen a comer", y le contesté: "Sí, papá, me alegro mucho", era mentira, sentía una enorme decepción, pena de que ya no me encontraras en plena ansiedad sino indiferente porque aquella ansiedad ¿qué había sido de ella?, se había desperdiciado, monedas tiradas a un pozo, y te eché la culpa de una forma irracional, yo mismo me di cuenta, pensé: "son rastros de la infancia", porque era una reacción parecida a la del niño que ve volver a su madre a casa cuando se le ha pasado la rabieta y las lágrimas de un conflicto surgido cuando ella se marchó y en vez de gustarle que se le haya pasado se revuelve contra la madre que no vino a tiempo de pillarle llorando y pugna en vano por acordarse de aquellos motivos y hacerlos tener nueva vigencia. Y era una sensación que no había logrado descastar del todo al día siguiente cuando apareciste en casa como si hubieras dejado de pisarla el día anterior, tan natural y tan graciosa que parecía que allí no había pasado nada, acompañada de aquel hombre serio y alto al que papá ya parecía conocer, venías rebosante de besos, historias y regalos. Casi en seguida pensé: "¡Qué bien no haberla escrito!, siempre hay que contar hasta cien antes de decidir una cosa, como hacía el pato Donald; si la llego a escribir cuando lo veía todo tan negro ahora me daría vergüenza, qué consuelo me iba a haber podido dar un ser tan feliz, no habría cogido onda"; no sabía yo entonces, como sé ahora, que no siempre está uno por dentro como aparenta estar, quién sabe si aquel día serías tú tan feliz como me pareciste, tal vez sí, pero en todo caso y aunque así fuera, a lo largo del tiempo en que habías faltado de mi vista habrías podido tener tus altibajos como todo hijo de vecino y qué duda cabe que los tendrías, hoy me pregunto qué humor sería verdaderamente el tuyo; a través de lo poco que has hablado de Andrés esta noche no parece que vuestras relaciones hayan sido siempre idílicas y poco después ya lo empezaron a comentar en casa que os llevabais mal, él aquel día no te miraba apenas ni se dirigía a ti, cosa que me extrañó porque yo en cambio no te pude quitar los ojos de encima en toda la comida, aunque procuraba que se notase poco, no me acordaba de que fueras tan guapa, traías un traje de pana de pantalón y chaqueta que entonces no era estilo y el pelo largo, más largo que ahora, no parabas de hablar, ahora pienso que posiblemente hablabas demasiado, nos hiciste reír mucho contando sucedidos de vuestros viajes, imitando la voz de personas y animales, ruidos, y hasta colores parece que te salen a veces de las manos, movías mucho las manos y el pelo, también hablaste de la situación política, de cómo encontrabas España, y ya te digo, yo te miraba como a una actriz de cine, pero te encontraba distante en tu brillo y tu aplomo, exactamente la misma sensación que me despertaban algunas mujeres del cine que te tienden la mano y la sonrisa desde tan lejos, y no sé por qué pensé que tal vez a tu marido también le pudieras intimidar como a mí y que por eso no te miraría, ¿o sería que te quería poco?, aunque esta suposición la deseché por absurda, lo que pasaba es que yo era pequeño y no entendía vuestras relaciones, como no entendía bien muchas veces el argumento de algunas películas, y eran las que más me gustaban ésas que no entendía del todo; sencillamente me dabais envidia. En un determinado momento dijiste que no pensabais poner casa, que ibais a vivir de pensión, me pareció fascinante poder hacer eso, nunca se me había ocurrido que se pudiera decidir semejante cosa más que durante los viajes, estabas mirando a papá mientras lo decías: "Las casas son una ratonera, un cepo, acuérdate de Louredo", y papá dijo, me acuerdo, "Louredo, qué tiene que ver", lo dijo como con impaciencia, como si le pareciera absurdo lo que habíais decidido y miró a Andrés, pero él no dijo nada, no se podía saber si estaba de acuerdo contigo o no, casi no intervino nada en la conversación, de vez en cuando contestaba muy educadamente a Colette que estaba sentada a su lado y que no paraba

179

de preguntarle cosas, pero a papá y a ti os dejaba en una especie de mano a mano; sin embargo no se le sentía desplazado tampoco, parecía no meter baza simplemente porque era de pocas palabras o por consideración hacia vosotros, no se le notaba tenso ni a disgusto, nada más que un poco distraído, a mí me cayó muy bien y luego las pocas veces que lo he vuelto a ver siempre me ha gustado. La verdad es que aquel día entre la discreción de Andrés y lo simpática que estuviste tú lograsteis hacer agradable una comida que podía haber sido un suplicio, a Colette os dirigíais igual que a los demás, incluyéndola automáticamente como pieza esencial de la familia, tal vez ya los habíais visto a papá y a ella antes de venir a casa, era la impresión que daba; me admirabas tú sobre todo en la naturalidad con que la llamabas por su nombre, lo normal, claro, no ibas a haberle dicho "oye, tú", pero yo es que a la gente tardo mucho en poderla llamar por su nombre, me parece una prueba de cariño y confianza que no se otorga de buenas a primeras, pero era mejor así y además yo en el fondo te lo agradecía, las situaciones familiares violentas nunca las he podido soportar. Marga, que es mucho más fría y más despegada que yo, me lo reprocha a veces, dice que soy tonto, no entiende que sufra cuando hay riñas en casa, que entre papá y Colette siempre las ha habido y de bastante monta, se ríe: "¿Y a ti qué?, allá se maten", ella se va a la calle y dice que no se vuelve a acordar de semejante cuestión ni le perturba para nada, pero a mí sí, no lo puedo remediar, las cosas de la familia me afectan y prefiero reconocerlo que hacerme el cínico como me he hecho en algunas ocasiones, Marga yo sé que en el fondo tiene que sufrir de hacerse tanto la cínica y exhibir ante todo el mundo una insensibilidad y una indiferencia que no son normales, se pasa la vida haciéndoles faenas a sus adoradores y a sus amigos y a todo el mundo, presumiendo de dura y despreciando a los que no lo son, yo lo veo una defensa como otra cualquiera, a la gente se la acaba tomando una especie de apego, mal que le pese a Marga, es así, como yo le digo a ella, hasta a la propia Colette ya al cabo de los años, ¿cómo no vamos a considerarla de casa aunque no la queramos?, es negar la evidencia negar que se ha creado un vínculo, una relación, son muchos años y además es la madre de esos niños; pero sobre todo ya te digo, colaborar en lo posible a que no haya escenas violentas, a mí las tensiones y las riñas no me van. Así que en el fondo aquel día te agradecí mucho que trataras bien a Colette, le tenía miedo a que tu visita hubiera desencadenado marejada, y cuando te fuiste pensé: "Qué bien ha llevado las cosas Eulalia, qué sabiamente", pero por otra parte la sombra de mamá se alejaba de modo cada vez más irreparable, de ella nadie habló ni una palabra y lo peor es que no se había echado en falta tal mención, parecía natural que a mí, que estaba seguro de ser el guardián más fiel de su memoria, te hubieras dirigido como a un miembro de aquel grupo armonioso y concorde que habías creado tú a golpe de batuta mágica y no como al hijo mayor de tu amiga muerta, de tu cuñada muerta, esfumada, sin más, sustituida por otra a la que de vez en cuando te dirigías y llamabas Colette, pensé: "Es que, claro, es su cuñada", y ni siquiera me pareció horrible, se diría que mamá no había vivido nunca ni yo la había llorado ni te había echado de menos a ti con desesperación, mordiendo la almohada de mi cama para que nadie me oyera sollozar; agua pasada, basta de tragedias, el dolor era maleficio, hechicería, alimento venenoso y amarillo para la abuela y los tíos de Palencia, y como había entrado en una fase de reacción contra los morbos y los quería disipar a cualquier precio, traté de no sentir artificial aquel ambiente grato que el comedor había adquirido al sentaros en él Andrés y tú, traté de creerme aquellas sonrisas, aquella balsa de aceite de la nueva familia — a la que hasta tu reaparición yo no había prestado crédito como tal —, y me acosté incluso conforme ante la idea de que Colette más adelante pudiera llegar a ser amiga tuya, aunque en esos auspicios me engañaba, y que a mamá la hubieras olvidado porque sí, porque a los muertos se los olvida; posteriormente la has mencionado en varias ocasiones y siempre con cariño, pero que la quisieras tanto como esta noche he visto eso cómo me lo iba a imaginar aquel día cuando te miraba hablar de tus viajes allí en el comedor, digo te miraba porque a veces se mira hablar y otras se oye, yo aquel día no te escuché nada, me daba igual lo que decías, te miraba mover los labios y de entre las palabras que pronunciabas la única que hubiera podido catalizar mi atención y ponerme en verdadera disposición de escuchar no llegaste a articularla, no llegaste a decir Lucía, ese nombre que por fin esta noche ha corrido a raudales de tu boca a mi oído tan generosamente, quién me iba a decir que tuvieras guardadas de ella imágenes tan precisas y válidas y que alguna vez las fueras a querer sacar de tu baúl de recuerdos para regalármelas, había dejado ya de esperarlo.

Antes lo has dicho tú y es verdad, sí, todo viene a destiempo; según lo decías te miré y me extrañó que lo dijeras por la coincidencia, porque estaba yo pensando lo mismo exactamente, lo pienso todo el rato mientras hablas, que quién me hubiera dado a mí en esos años malos de la infancia poder estar aquí contigo como hoy en esta casa oyéndote contar y contar cosas de mamá, sin miedo, sin prisa, con toda la noche por delante para ti y para mí, dando forma al relato entre los dos; es justo el juego al que habría querido jugar, al que he estado intentando en vano desde entonces jugar con alguien, quimera que ha presidido y ha hecho fracasar todos mis intentos amorosos. Y un ambiente así ya es que ni lo soñaba, ¿te das cuenta de lo bien que se está y de lo bien que hablamos?, va todo como una seda, pero es también el sitio y el momento y la casualidad y saber que luego cada uno nos iremos a lo nuestro y que esta noche no se repite, ni esa luna encima de los árboles, qué despierto estoy, ni gota de sueño tengo, hasta puede venir si quiere el hombre ése del caballo, yo contigo no tengo miedo a nada, sólo lo sentiría porque si viene será aviso de que se muere la abuela y entonces se acabará la conversación, no, que no venga el caballo, no quiero. Sí, se está muy a gusto, pero viene a destiempo, eso qué duda cabe, nunca consigue uno dar las cosas en el momento en que verdaderamente otro las necesita recibir. Tal vez hice mal no escribiéndote a la India, ahora ya esas historias de la chica de Palencia no son el suero en vena capaz de devolverme la vida y el aliento, ahora es un lujo oírte, no estoy en la indigencia, lo he pasado bien muchísimas veces, he hecho el amor, he viajado, he recibido cartas que esperaba y sobre todo no lloro por las noches, leo libros que ponen en tela de juicio la institución familiar, muchos de mis amigos han roto con sus padres y sus mujeres por propia decisión, y si viene el insomnio, que muchas noches viene, hay alcohol y somníferos, hay teléfono a mano, y motos, coches, discotecas, chicas que me gustan y que me quieren ver y toda la ciudad llena de luces a mi disposición, la herida de mamá ya se ha cerrado, posiblemente en falso, no te digo que no, yo bien quería que cicatrizara a base de cuidados, pero nadie me vino a socorrer. Y quizá fue mejor, cualquiera sabe.

E. Cinco.

—Cualquiera sabe, sí. A mí no me parece que hayas cerrado en falso la herida de tu madre; la intemperie, a fin
de cuentas, es lo único sano para curar heridas, tú rechazaste los emplastos, saliste adelante por el camino más
difícil. Ahora puedes contarme que me echaste de menos,
decirme lo que entonces querrías haberme dicho, ahora
que es un lujo porque han puesto distancia entre la herida
y tú, a eso nunca te puede ayudar nadie, o aprendes solo o
te hundes; y oírme a mí claro que es otro lujo, a ver si
te crees que las cosas que te cuento esta noche con su
dejillo de filosofía las sé porque las he leído en un libro,
no hijo, ni hablar, antes de ser palabra han sido confusión
y daño, y gracias a eso, a haber pasado tú tu infierno y
yo el mío podemos entendernos esta noche; vivimos un
lujo, el de poderlo contar, el de tenernos cosas que contar mientras entretenemos la espera de que la abuela pase
al otro mundo; las lágrimas, los laberintos mentales y esa
opresión en el pecho de tantas mañanas cuando abres los
ojos se han convertido en tema de conversación, eran su
precio, la conversación se paga de antemano, al entrar, no
al salir. Mira, pasa como con los psiquíatras; si vas a un
psiquíatra a contarle los males de tu alma y eres capaz
de contárselos medio correctamente, de qué te sirve ya
el psiquíatra, lo grave es cuando se te forman esos grumos de sombra y de maldad, daño puro, sinrazón que te
paraliza el pensamiento y te entorpece cualquier posibilidad de discurso, porque discurrir es fluir, claro, y esos
estados son como diques en la corriente de un río, ahí no

185

cabe psiquíatra, cabrían en todo caso duendes, genios o espíritus que te pudieran adivinar el mal sólo con mirarte a la cara sin tenerles tú que decir palabra alguna, apariciones providenciales como esas que en forma de viejecito disfrazado o de animal que habla le salen al camino en los momentos de mayor peligro al héroe de algunos cuentos, formulan el consejo que precisa y se esfuman después, acuden en el momento preciso, por pura brujería. Pero lo malo del psiquíatra es que no se te aparece, no surge dibujado en las paredes de tu cuarto cuando las estás mirando con asco, con el deseo de que se te caigan ya de una vez encima y te sepulten para siempre, en esos momentos críticos el psiquíatra no sabe de tu existencia ni le importa un bledo, está en un congreso o pasando consulta o cenando con amigos, eres tú quien tendría que localizarle, llamar por teléfono, tomar hora para la visita, llevarla a cabo con un mínimo de convicción, y esa montaña de obstáculos no es pensable siquiera que la puedas saltar, necesitarías la capacidad de reacción ante estímulos mucho más elementales, contestar si te llaman por tu nombre, levantarte a comer, abrir la ventana, qué le vas a decir a nadie cuando te viene el ramalazo ése, ni moverte puedes, ni respirar cuanto más una serie tan trabajosa de determinaciones como pensar en un señor al que no has visto nunca, que vive en otro sitio, con la pereza que dan las caras nuevas cuando está uno así, y luego decidir ir a visitarle, coger un medio de locomoción, buscar el portal de la casa, subir, esperar en una salita tal vez incluso teniendo que aguantar la presencia de otras personas que te miran en silencio, un silencio denso que se corta con un cuchillo, porque sabes que están pensando, como tú de ellas, "ésa viene a lo que nosotros", pero qué

186

disparate, a quién se le ocurre que vas a lograr hacer todo eso en los momentos que te digo, imposible. Yo creo que los psiquíatras tratan sólo a gente ya medio curada, la que está mal de verdad no los va a ver, de ésos no tienen ni un cliente como no sea la mujer propia o algún amigo íntimo, hijos no digo porque poco se entera un padre, en general, de los conflictos de los hijos. Vivir es disponer de la palabra, recuperarla, cuando se detiene su curso se interrumpe la vida y se instala la muerte; y claro que más de media vida se la pasa uno muerto por volverle la espalda a la palabra, pero por lo menos ya es bastante saberlo, no te creas que es poco. Yo en mis ratos de muerte, que son muchos, de obsesión, de ceguera, cuando soy una pescadilla mordiéndose la propia cola, recurro a ese último consuelo de pensar que lo sé, que desde el pozo de oscuridad en que he caído tengo un punto de referencia por haber conocido lo claro y saber cómo es, me acuerdo de que existe la palabra, me digo: "la solución está en ella, otras veces me ayudó a salir de trances que me parecían tan horribles como éste o peores", y aunque en ese momento llegue a repudiarla y me niegue a coger la mano que me tiende o hasta pueda parecerme la mano de un amigo pelmazo, lo que no dejo de saber es que me la tiende, cosa que algunas veces todavía da más rabia, te advierto, irrita su invitación silenciosa a hacer un esfuerzo, aquella presencia invisible, agobia tanta fidelidad perruna, le tirarías con algo: "¡que se largue!", porque cuando ya te regodeas en esos revolcaderos limítrofes con la locura lo que más te molesta son las soluciones; pero de todas maneras siempre es distinto el caso de quien conoce la existencia de un cajón que guarda medicinas infalibles y sabe dónde puede encontrar la llave, aunque no tenga ganas de levantarse a buscarla, que el de uno que no ha oído en toda su vida hablar de tal llave ni de tal cajón, menuda diferencia, ése sí que está muerto. Y con esto de convertir el sufrimiento en palabra no me estoy refiriendo a encontrar un interlocutor para esa palabra, aunque eso sea, por supuesto, lo que se persigue a la postre, sino a la etapa previa de razonar a solas, de decir: "¡ya está bien!", encender un candil y ponerse a ordenar tanta sinrazón, a reflexionar sobre ella, reflexión tiene la misma raíz que reflejar, o sea que consiste en lograr ver el propio sufrimiento como reflejado enfrente, fuera de uno, separarse a mirarlo y entonces es cuando se cae en la cuenta de que el sufrimiento y la persona no forman un todo indisoluble, de que se es víctima de algo exterior al propio ser y posiblemente modificable, capaz de elaboración o cuando menos de contemplación, y en ese punto de desdoblamiento empieza la alquimia, la fuente del discurrir, ahí tiene lugar la aurora de la palabra que apunta y clarea ya un poco aunque todavía no tengas a quien decírsela, y luego ya sí, cuando se ha logrado que madure y alumbre y caliente — que a veces pasan años hasta ese mediodía — entonces lo ideal es que aparezca en carne y hueso el receptor real de esa palabra, pero antes te has tenido que contar las cosas a ti mismo, contárselas a otro es un segundo estadio, el más agradable, ya lo sé, pero nunca se da sin mediar el primero, o bueno, puede darse, pero mal.

¿Por qué crees que te entiendo yo a ti ahora?; pues, por muy raro que te parezca, porque ya no me necesitas, eso no tiene vuelta de hoja. Y dirás lo que quieras, pero la sazón de hablar de tus angustias infantiles es ésta, esta habitación, esta noche, Juana ahí dentro dispuesta a salir a avisar de que se nos acabó la conversación, y los árboles fuera con la luna, los libros por el suelo, toda esta espera del amanecer, saber que está al llegar la muerte en su caballo, y nosotros así como estamos sentados, tú con tu edad de ahora y yo con mis errores y fracasos a cuestas, oyéndote desde ellos, confluyendo a tu hilo desde el mío, que por eso te entiendo y te escucho; no, Germán, no viene a destiempo el discurso, qué va a venir, discurre hoy porque hoy puede, porque su tiempo y su lugar de venir eran éstos, y la prueba la tienes en que se teje bien. Si hubiera acudido desde la India a los pies de tu cama, pobrecito, una de aquellas noches en que tanto sufrías y me invocabas tanto, no habrías hecho más que llorar abrazándote a mí, pero yo no habría abarcado ni entendido tu tristeza porque estaba en bruto, era algo que padecías, en lo que te ahogabas y que sólo al cabo de tu valentía para aguantarlo has sido capaz de elaborar, no cabe el análisis en carne viva; tal vez habría conseguido aplacar tu hambre de cariño, aunque tampoco creo, era demasiado egocéntrica por aquellos años, pero en fin, lo que sí te digo es que no hubiéramos hablado como hoy.

Yo era otra, Germán, compréndelo. Ahora, según te escucho y revivo el torbellino de mis experiencias, entusiasmos y viajes durante esos años en que tú me necesitabas tanto, pienso que cuántas horas habría podido dedicaros a la niña y a ti, me parecen absurdos mis proyectos cambiantes, mis inquietudes políticas, mis múltiples estudios comenzados y tantas amistades sin granar, pero lo pienso ahora, cuando he sido capaz de contratar una ambulancia y traerme a la abuela a morir a Louredo y mirarle a Juana a la cara, cuando llevo más de un año haciendo revisión de mis errores y aguantando a pie quieto la soledad;

la tuya de esos años me duele como los hijos que me negué a tener y que ahora desearía, echo de menos todo lo que no he sido capaz de dar. Pero lo echo de menos esta noche, la del traje de pana que vino con el hombre retraído y que no le dejaba meter baza poco caso te podría haber hecho y poca compañía, le gustaba brillar, fascinar, dejar huella en los demás, y la compañía es otra cosa, creo que hiciste bien al no mandarme nunca aquella carta. Si me hubieras pillado en un momento de acorde generoso puede que le hubiera dicho a Andrés: "Nos traemos una temporada al hijo de mi hermano a que vea un poco de mundo, que parece que está triste", dinero teníamos entonces de sobra y él me habría secundado el arrebato porque solía aceptar mis caprichos, todavía se pliega desde lejos a ellos y nada me reprocha, le son bastante indiferentes las variaciones argumentales, él las llama quiebros, dice que de una situación cualquiera lo importante no son los quiebros que vaya dando sino el partido que se saque de ellos, o sea no propiamente lo que te pasa, ¿entiendes?, sino cómo lo enfrentas y te ejercitas a través de ello. Todavía este invierno me lo dijo, la última vez que nos vimos: "Haz lo que quieras, Eulalia, viaja, diviértete, por mí como si te vas a vivir con un grupo de bantús, pero que no te desaproveche; en la situación más disparatada tú pon siempre a salvo la neurona, esta franjita de aquí, ¿estamos?", y se hizo una raya horizontal en la frente así con el índice y el pulgar mientras me miraba con bastante sorna. Y me cortó. Yo llevaba un rato haciendo exhibición de lo bien que lo paso y de la gente nueva que conozco, le había empezado a dar nombres y detalles de vidas ajenas, me estaba embalando y a él eso de que le hablen de personas desconocidas, igual si se las ponen por las nubes que a los pies de los caballos, no le produce la menor curiosidad, le gusta hablar de cosas, pero de personas le aburre, dice que es como si le estuvieran leyendo la guía de teléfonos, y aparte de que, conociéndolo como lo conozco, no me explico cómo había yo caído en una torpeza tan grande, es que toda la entrevista estaba montada sobre una mentira, porque precisamente en aquella fiesta de fin de año donde me encontraste oí decir que a Andrés se le veía en todas partes con una alumna suya y desde entonces me habían entrado unos celos furiosos y estaba buscando un pretexto verosímil para verle, no encontré otro que el de que me firmara unos papeles, muy verosímil no era, desde luego, porque de todos los asuntos prácticos se ocupa un amigo abogado debido a nuestro desorden, y que yo me preocupe a estas alturas de llevar y traer papelitos, por importantes que sean, le puede extrañar a cualquiera que me conozca un poco, pero al final pensé: "Si nota que tengo ganas de verle, que lo note, ya me encargaré yo de que le guste y se divierta conmigo", y fui a la cita con una capa de terciopelo verde que me compré exprofeso, pero aunque me sentaba muy bien era un poco demasiado espectacular para media tarde y además es muy pobre tener que recurrir en casos así a comprarse ropa nueva, de vaqueros habría tenido que ir, lo pensé ya en el coche, no sé si porque la capa era incómoda para conducir o porque un fontanero me había dicho al salir de casa: "Adiós, Drácula", las dos cosas influirían para hacerme desconfiar de aquella prenda tan aparatosa, me acordé de lo que decía tu madre del barroco, sólo se viste uno con ropajes así cuando quiere cubrir un vacío y no está seguro de su propia capacidad de captar la atención ajena a base de palabras mondas y lirondas, es síntoma de tenerlas algo enfermas. Y las mías delante de Andrés lo estaban, lo vi en seguida, tenía que estar preocupándome de ellas como de un rebaño anquilosado y cobarde y a él se le notaban esfuerzos de atención; yo conozco de sobra la expresión de una cara cuando escucha bebiéndose mis palabras, tú esta noche, a ratos, me miras de esa manera y Andrés miles de veces, solía decir que sólo lo que yo le contaba le parecía verdad y cuando me callaba me alentaba con un gesto: ... "¿Y?...". Bueno, pues esa tarde no, mientras me la quitaba, me miró la capa de reojo y pudo pensar que era elegante, ¿y qué?, pero yo no estaba logrando divertirle ni poco ni mucho; y entonces como reacción es cuando me salió esa veta agresiva y facilona de contar aventuras personales, rodeos para darle celos en vez de preguntarle por las buenas que quién era aquella chica con la que le veía todo el mundo, en fin lamentable, el expediente más barato que se puede dar entre personas que se han querido bien, porque además es que le estaba metiendo mentiras, yo qué le voy a sacar partido ahora a lo que hago si me aburro en todas partes como un tigre, y él se dio cuenta, claro, ese juego no lo admite, es por lo que me cortó. La frase de "tú pon siempre a salvo la neurona" con el signo que se hizo en la frente era como echarme la barrera, es una expresión que usábamos en tiempos para criticar a la gente rutinaria y cerril, quería decirme: "venga ya, mujer, no me cuentes tonterías", y cuando Andrés corta juego no hay manera de volver a coger la baraja, una conversación que le molesta oír no se la suelta nadie, así que, como lo conozco, ya me quedé sin saber qué tema atacar, reducida a disimular mi creciente incomodidad, a comentarios banales sobre política, a preguntarle por amigos comunes que maldito lo que me importan, por su trabajo en la Universidad, a pedir otra copa, al pitillito, y él encendiéndome uno tras otro totalmente impenetrable y tranquilo, o por lo menos eso parecía; yo me agarraba aún, en breves ráfagas de aliento, a la sospecha de que mis nuevas amistades pudieran despertarle celos y que por ese motivo prefería que no se las mencionara, pero eran ganas de agarrarse a un clavo ardiendo, Andrés nunca ha sido celoso y además la indiferencia con que se estaba comportando parecía cualquier cosa menos ficticia, me había dicho en seguida de vernos que a las seis se tenía que ir y el reloj ya lo había mirado con disimulo dos veces; yo me acordaba de que unas horas antes, mirándome al espejo después de un baño largo, me había dicho: "O poco soy y valgo o me estoy con Andrés hasta la madrugada, hasta que sea yo la que me aburra de él", esas jactancias solitarias son siempre un poco suicidas porque luego el terreno que vas perdiendo minuto a minuto te parece mucho más irrecuperable y ya no puedes dejar de pensar que el otro se va a ir, que está pendiente de la hora, o sea que el tiempo se convierte en una pesadilla, empieza a poder más que tú, cómo vas a pactar con él ni a estar mínimamente cómoda si es un enemigo, y ya nada, deseando largarte, todo lo que dices te parece relleno para demorar la despedida que te amenaza. Así que cuando me levanté del bar donde estábamos me había dado por vencida en el empeño de crear un clima grato y atractivo que nos hiciera olvidarnos del tiempo y de aquella cita suya, de sobra comprendía que era como retirarse de un examen, pero no podía resistir mi crescendo de sosera y de impotencia, me levanté de repente, de una forma brusca: "Vámonos", por lo menos ser yo misma la que pusiera fin a aquel suplicio, ni siquiera esperé a que él acabara de pagar, no podía, salió detrás de mí: "Pero bueno, espérame, ¿qué te pasa?". "Nada, que también a mí se me hace tarde", iba andando un poquito delante de él y el aire frío me hacía revolear los bajos de la capa, le he tomado una manía horrible, no me la he vuelto a poner. Llegamos a mi coche, le di un beso en la mejilla, de esos que luego al recordarlos no te han dejado sustancia ninguna, que ni siquiera has aprovechado la cercanía para reconocer un olor suyo: "Ciao, nos llamamos", él una frase así no la habría dicho nunca porque no soporta la cordialidad convencional y además porque está visto que no me pensaba volver a llamar, me miraba imperturbable parado allí en la acera mientras yo sacaba las llaves del coche procurando que las manos no me temblaran, estábamos en Rosales, qué puesta de sol más maravillosa había, el cielo malva y helado como si se hubiera vestido de fiesta no sé para quien, y a pesar del nudo que tenía en la garganta aún fui capaz de preguntarle si quería que le dejara en algún sitio, él nunca ha sabido conducir, dijo: "No, voy aquí cerca, gracias", no sé dónde iría, es lo último que me dijo, la última vez que lo he visto, el 7 de enero.

Pero fíjate, Germán, la fuerza que tienen las palabras, siempre volvemos a lo mismo, porque te aseguro que no era tenerme que marchar a casa sin aprovechar a pleno rendimiento aquella noche que se anunciaba con tiznones grises manchando el cielo malva lo que me hacía llorar por el paseo de Rosales adelante, ni siquiera el haber dejado sin aclarar la posible historia de Andrés con su alumna, qué va, el clavo fijo era la palabra neurona, como un amigo muerto atravesándose en mi camino, no podía dejarme de acordar del tono con que él la había dicho, del gesto que había hecho con el pulgar y el índice rayándose la frente, era igual que pasar la lengua sobre una herida, y es que, ¿sabes?, esa palabra dicha de aquella manera especial pertenecía a nuestro tejido verbal, a un código particular e intransferible, medio jerga científica, medio broma, medio argot callejero, que habíamos ido urdiendo en común para defendernos de la gente y para aislarnos de ella, era nuestro terreno, lo más nuestro que teníamos; de cualquier amistad o de cualquier amor lo verdaderamente inherente y particular es el lenguaje que crea según va discurriendo, mejor dicho el lenguaje es la relación misma porque al inventarse se configura el amor sobre él, igual que no se puede separar el caudal de un río de su cauce; tú y yo ahora, ¿por qué nos sentimos cerca?, pues porque hablamos de una determinada manera, hemos creado lenguaje común, ¿sí o no?, pero también porque hay cosas que nos hacen estar cerca y al hablar las descubrimos, es la técnica del boomerang, con que si nos pasa a ti y a mí en este poco tiempo que llevamos hablando — ... bueno, no tan poco, tú, ¡qué barbaridad! son las cuatro —, pues te digo, fíjate lo que sería con Andrés tantos años juntos, tela marinera, puro texto ha sido mi historia con él; y así me resultaba insoportable que esa palabra muerta se reencarnase de repente, era una aparición macabra, desvinculada de nuestra relación actual, me parecía que Andrés se la estaba diciendo a la Eulalia de antes para comentar con ella secretamente y en burla los manejos de esta otra señora de la capa que venía ahí presumiendo de viajes y aventuras para encelar al varón huidizo, es que era horrible, se me había visto demasiado el plumero, me habían puesto en ridículo aquellos dos idiotas, ya los conocía, cuando empezaban en plan de secretitos al oído no dejaban títere con cabeza y todo el mundo les resultaba intruso, había estado demasiado metido en aquel ajo, en aquella complicidad lingüística de Eulalia-la-de-antes y Andrés-el-mismo-de-siempre como para no reconocer ahora que me marginaban y me hacían víctima de lo que tantas veces había protagonizado. Y después, poco a poco, a medida que pasaban los días y él no llamaba por teléfono, esta sensación de haber sido marginada se me llegó a hacer asfixiante. Ya no podría volver a estar nunca con Andrés en plan de amigotes caústicos, burlándonos de las señoras celosas que les hacen escenas solapadas a sus amantes por los rincones de los cafés — "mira esos dos de esa mesa, vaya tarde que se les prepara", "¿tú crees que tienen tango?", "¡hombre que si tienen tango!" — ¿con qué cara me iba a burlar yo ya nunca de ninguna pareja neurótica del mundo si las únicas ganas que tenía de volver a ver a Andrés estaban presididas por el deseo de arañarle?, divertirme de espectadora con él ya nunca más podría, nunca más.

Se me quitaron las ganas de comer y de dormir y de leer, todo el día pegada como una lapa a la mesita del teléfono, horas y horas, mi única obsesión era llamarle, pero veía con susto que sólo se me venían a la imaginación insultos y reticencias que hubieran marcado más todavía el abismo entre mi terreno y el de aquella pareja feliz y descarada que me lapidaba con sus comentarios, qué invierno he pasado y qué primavera, yo misma veía que era imposible seguir así, pena y rabia me daba haber caído tan bajo, pero lo peor era que cuanto más ridícula me veía, más ganas me entraban de echarle a él la culpa en plan de novela pasional; todo el veneno de esos folletines de los que tanto he renegado en la vida se me desbordaba de sus diques y la marea vengativa venía a incrementarse con imágenes de películas y lecturas posteriores, una procesión de heroínas pálidas con los ojos llorosos y el corazón en ascuas escribiendo cartas que no han de recibir jamás contestación, esperando al amante que no viene, echándole en cara su perfidia, muchachas de los cancioneros galaico portugueses a las que el mar aísla en una roca — "en atendendo o meu amigo, en atendendo o meu amigo" —, esposas engañadas del teatro clásico, Ana Karenina después de su caída, los rostros de Joan Fontaine y de Ingrid Bergman en secuencias sentimentales borrosas, la monja sor Mariana Alcoforado, todas se me agolpaban en el recuerdo prestándome su idioma exaltado y divino, tentándome con él. No sabes la cantidad de veces que, al caer de la tarde, tumbada con mi vaso de whisky allí junto al teléfono, me acometían furores verbales contra Andrés, tenía que hacer esfuerzos inauditos para lidiarlos a solas y convertirlos en una retahíla mansa que acababa siempre en llanto, pero la tentación subsistía: aquella maldita combinación de guarismos de la que me había enterado en mala hora. Es un suplicio, sí, saberse de memoria los siete numeritos que alguien te ha desgranado con total inocencia, así en hilera: dos seis dos nueve seis seis tres, en todos mis cuadernos de este año, en cajetillas de tabaco, en solapas de libros, en paquetes, en todas partes los grabé con saña repasando el trazo por encima a rotulador, a tinta, a bolígrafo, tupiéndoles los huecos de negro, rodeándolos de círculos, de grecas, de la letra A de Andrés, de las t. q. de "te quiero", dibujos obstinados para paliar el trance de la tarde que no termina nunca de pasar, alivios gráficos exteriores de un ritmo pendular escondido de altas y bajas, pura taquicardia de indecisiones: "Le llamo... no, no, no le llamo..., pero qué disparate, ¿para qué?... y eso que ¿por qué no?..., pues nada, porque no, que me llame él si quiere... pero después de todo, qué más da, me lo estoy tomando demasiado por lo trascendente... sí, le voy a llamar, le llamo"..., y así; porque lo inaguantable es que marcando esas siete cifras, haciendo algo tan simple y placentero como meter el índice por esos agujeros sucesivos que los tienes a mano allí delante, hay un ochenta por ciento de probabilidades de que, al cabo de una breve espera, se deje oír la única voz de este mundo capaz de aplacarte la angustia como por ensalmo — "¿quién llama?" — como una mano fresca sobre la frente de quien tiene fiebre, inmediatamente reconocible; porque la voz de las personas no cambia nunca, es algo diabólico y totalmente disparatado que cuando las relaciones con otro ser dan un giro tan copernicano como el que han dado las de Andrés conmigo él siga teniendo, sin embargo, la misma voz que cuando me decía: "No te vayas nunca, no puedo vivir sin ti"; y esa voz la podía volver a oír, bastaba con marcar aquellos números, era un reclamo irresistible, como la luz para la mariposa, y alguna tarde llegué a marcarlos y esperé a que se pusiera, sólo para eso, ya ves qué tontería, para oírle decir "¿quién llama?" que es como pregunta siempre, y yo allí como un ladrón agazapado, como cuando pasaban buscándome en el juego del escondite junto al sofá debajo del que estaba y le veía al otro los pies, pues igual, sin atreverme ni a respirar, y él "diga... ¿quién llama?", lo repetía, al final con bastante impaciencia, colgaba y se acabó; lo hice varias veces, ya tenía miedo de coger vicio, hasta que la última, en abril, me contestó una voz de mujer y ya no

me he atrevido a andar insistiendo. Si además no tengo
para qué, ¿qué le voy a decir?, por el ramo de la lógica
estamos absolutamente en paz, y lo tenemos todo archi-
aclarado, problemas nuevos no ha surgido ninguno, fue
una separación de mutuo acuerdo, europea que se dice,
se levantó acta del fallecimiento de nuestras relaciones,
salimos juntos del entierro y punto final; la diferencia
está en que él ha olvidado al muerto y yo cada día llevo
peor su falta.
Si es que es empeñarse en lo imposible, ¡separación a la
europea!; esta tarde, perdida ahí atrás en la maleza, antes
de que se me apareciera el caballo ése tan terrorífico, lo
estaba pensando a propósito del miedo que tenía: ¿cómo
va a ser europea una persona que tiene sus raíces en el
Tangaraño?, si no puede ser, comprendí que de esa con-
tradicción han nacido todos los encontronazos que me he
pegado con la vida, y también me estuve acordando de lo
lista que ha sido siempre la abuela, esquinada pero más
lista que una bruja, porque fíjate, es increíble, cuando conoció a Andrés, que quién iba a sospechar entonces estos
finales, me lo advirtió ella, me dijo: "Ten cuidado con
ése, de ése te vas a enamorar, y si no al tiempo". Estaba
acostumbrada a verme salir siempre con unos y con otros,
a que no me tomara en serio a nadie y ella me lo aplaudía
porque del matrimonio ha sido siempre poco partidaria
y menos del amor novelesco, ya te he dicho que cuando
yo era pequeña le molestaba verme enfrascada en esos
folletines, ella era feminista estilo antiguo, con el hombre mano dura, y al abuelo al pobre lo tuvo siempre en
un puño; pero ya no venían a cuento aquellos consejos
y me eché a reír: "Pues claro, abuela, si no le quisiera
no me pensaría casar con él, ¿no?, es lógico, y encima

después de tanto elegir", pero la miré y tenía los ojos entornados de sibila, como aquel día antiguo cuando me había hecho ruborizar aquí en esta misma habitación: "No digas bobadas, Eulalia, me estás entendiendo de sobra". Y a mí, aunque le dije "no, no te entiendo", me había dado un vuelco el corazón; no la entendía bien, pero sabía que se estaba dirigiendo a la zona oscura de mis contradicciones, a aquel campo de batalla oculto donde madame de Merteuil perseguía sin descanso la sombra evanescente de Adriana, ¿por dónde le habrían llegado a la abuela barruntos de aquel terreno mío resbaladizo?, me seguía mirando: "Pues eres tonta, hija, si no lo entiendes, amor del malo te digo, del que te hace sentir celos y cometer tonterías y estar todo el día pendiente de dar gusto, digo enamorarte como la pobre Teresa que en paz esté del chulo de tu padre". Yo lo primero que hice fue defender a papá antes de ponerme a defender a Andrés, era yo la única que sacaba la cara por él, ya hasta Germán le atacaba; a los dos años de morirse mamá había dicho que no nos aguantaba a ninguno y se largó a Venezuela con un dinero que parece que no le pertenecía porque era de gananciales o nuestro o no sé qué historias, la abuela se ha puesto siempre pesadísima hablando de ese dinero que nadie ha vuelto a ver, ni a papá, por supuesto, a la única que ha escrito alguna carta ha sido a mí hasta que se suicidó, ya sabes, le pegó un tiro a la chica con la que vivía y luego se mató él, y yo esas cartas suyas las guardo, y aunque no se justifica en ellas de nada, ni tampoco se mete con nadie, son delicadas y afectuosas y, no sé, me han servido para entenderle mejor, porque es que desde pequeños nos tenían obnubiladitos entre la abuela y su hermana Águeda poniéndonos a papá como un monstruo que hacía sufrir a mamá. Yo me había acostumbrado a oírlos reñir muchas veces y a ver que ella tenía los ojos rojos de haber llorado, sobre todo después de la separación de la guerra, y claro que me daba pena, pero que otra persona por muy abuela mía que fuera me tuviera que incitar a esa compasión, eso ya no lo podía soportar, creo que me entenderás porque a ti te pasaba igual con los parientes de Palencia, y además es demasiado cómodo dividir el mundo en buenos y malos, papá tendría sus atenuantes, todos los tenemos, como yo le dije ese día a la abuela: ser chulo o no serlo depende también de la actitud del que se deja chulear, mamá es que de puro buena era tonta, parecía que había nacido para que abusaran de ella, yo desde luego a ella no me iba a parecer nunca en la vida, no lo decía por faltar a su memoria, que de sobra sabía la abuela cuánto la había querido yo, pero en qué cabeza cabía compararnos en eso, si precisamente yo el amor lo veía como un sentimiento totalmente desmitificable, puro exceso y sinrazón, y si había preferido a Andrés entre todos los otros hombres con los que había tenido relaciones, que ya sabía la abuela que pretendientes no me habían faltado y con muchos había hecho la prueba, era precisamente porque éste veía las cosas igual que yo o más claro todavía, porque no tenía celos de mis amigos ni de mi vida pasada ni soportaba que le dijeran a todo que sí, ni el hecho de gustarle yo como mujer le impedía desearme que siempre y por encima de todo conservara la claridad mental, eso de poner a salvo la neurona que te he dicho antes, en serio que un hombre más respetuoso que él con la mujer como ser humano no se encuentra, vamos, el polo opuesto de un chulo. La abuela me dejó perorar todo lo que quise. Había sacado del aparador una botella de licor café que tenía reservada para las ocasiones solemnes y estaba liando pitillos encima del tapete rojo con un tabaco de picadura que le mandaban de Canarias, sin interrumpirse más que para llenar de vez en cuando con toda parsimonia los vasitos vacíos, y cuando yo me callé levantó los ojos como si los levantara de una bola de cristal donde hubiera estado viendo reflejado mi futuro y dijo sin alterarse: "Toma otra copita, mujer, qué sofocada te has puesto. Pues ya te digo, ese mirlo blanco acabará haciéndote sufrir". La miré con una mezcla de irritación y simpatía, ¡qué personaje tan curioso ha sido siempre la abuela! "Pero bueno, ¿por qué dices eso?, vamos a ver." "Porque de ningún hombre has hablado nunca como de éste, te fascina, hija, por lo que sea pero te fascina, a ver si te crees que he nacido ayer, y si no andas con ojo se acabará dando cuenta, y eso es fatal, porque además es frío, los hombres fríos pueden con una, Ramón el pobre, no, Ramón era un sentimental terrible; tú, ya te digo, no pierdas el control, no te dejes mandar." ¿Pero mandarme a mí Andrés?, si Andrés no mandaba en nadie, y en eso además sigue lo mismo, le horroriza mandar. "Bueno, bueno — dijo la abuela —, no vayas a ser tú luego la que eches de menos que te mande. Yo te lo digo por si acaso, porque muerta tu madre a ver quién sino yo te va a hacer estas advertencias, que además ella no te las hubiera hecho, quiá, ya sabes que se murió con la pena de que no te enamorabas nunca." Este invierno he pensado muchas veces en aquello de "no vayas a ser tú luego la que eches de menos que te mande", frase que entonces me pasó más o menos desapercibida y la oí como una chochez de viejo, pero nada de chochez, ya lo creo que me hubiera gustado este invierno que alguien me mandara levantarme de la cama y comer y lavarme y leer y los menesteres más rudos imaginables, aunque fuera en plan nazi, habría sido sencillamente maravilloso ver aparecer a Andrés por la puerta con una fusta "¡Venga ya, levántate, menos cuento!", eso querría decir que no se había desentendido de mí. Hay que reconocer que la abuela esa tarde estuvo en todo muy clarividente y además divertidísima, al final el licor café se le había subido bastante a la cabeza y eso aumentaba su locuacidad; me estuvo leyendo trozos de una comedia de Moreto que siempre le ha gustado a ella mucho, *El desdén con el desdén,* me parece que en el baúl la trae, un librito negro con pinta de breviario; ya en otras ocasiones, cuando era yo pequeña, me había señalado párrafos y la escogía para hacernos dictados, pero a la lectura de esa noche le dio una especial solemnidad, siempre le ha encantado leer en alto porque sabe que lo hace bien, yo me iba a casar a los pocos días y en su boca tomaban un tono especial de admonición las parrafadas de aquella Diana del texto a quien los desengaños de una pasión violenta llevan a refugiarse en el estudio de la historia y la filosofía antiguas para instruirse sobre los desastres que el amor ha acarreado a la humanidad; pero todo esto intercalado con unos comentarios graciosísimos. Ya era tarde, cenamos un poco y la acompañé a acostarse a esa misma cama grande de donde la he sacado para siempre antesdeayer; al despedirme estaba un poco emocionada, le pregunté: "Oye, abuela, ¿por qué has dicho que Andrés es frío si sólo lo has visto una vez?", no me contestó a derechas, ella hace eso muchas veces, tratar de aclararte algo y meter otra sentencia que desvía el asunto y lo oscurece, dijo con un ritmo de voz un poco incoherente: "Es frío pero tiene buen cuerpo, un hombre es su cuerpo, el placer que te dé y nada más, tú búscale el cuerpo y déjate de historias; eso es lo malo de los hombres fríos, que te intrigan, gozas de su cuerpo y no te basta, pero lo que te digo es que te baste, te tiene que bastar, acuérdate".

Y ya lo creo que me he acordado, miles de veces me he acordado — "te tiene que bastar" —, pero no me bastaba; casi en seguida me di cuenta de que conocer su alma repliegue por repliegue era prácticamente imposible. Yo me he pasado la vida hablándole de mí, explicándole mi conducta sin que me lo pidiera, no ha tenido nada que investigar, tan misteriosa y desconcertante como les he parecido a otros hombres, él en cambio me debe conocer como a la palma de su mano; y es un vicio que se queda para siempre ese de pretender aclararse para otro, porque sigue pareciéndome insoportable que le falten datos acerca de mí, se los hago llegar como puedo, por los caminos más estrafalarios, confiando en los amigos comunes, en la fuerza expansiva de los chismes y él como si nada, ya has visto su actitud la tarde de la capa, y eso que tenía que saber de mí montones de cosas, pues no suelta prenda, pero tampoco creo que sea por táctica, no sé por qué es, no sé nada, hemos vivido juntos diez años y de su alma no tengo ni idea, quiero decir de esas últimas motivaciones que llevan a la gente a escoger una cosa en vez de otra o a cambiar de humor, nada, ni siquiera conozco bien sus gustos, bueno sé que le gusta estudiar y hablar bien y que la guerra no le gusta, ni las mujeres gordas... pero poco más, no te creas. Por ejemplo, viajar; ¿tú crees que te puedo yo decir si le gusta a Andrés viajar o no le gusta, a pesar de la cantidad de trenes, aviones y barcos que hemos cogido juntos?, pues no te lo puedo decir. Y la cuestión es que nunca se oponía, trato de acordarme de cómo se decidían nuestros viajes de placer y no logro reconstruir su actitud, pero no creo que se opusiera abiertamente a nada, bien es verdad que en esos primeros años era yo también muy egocéntrica, no me acuerdo más que de la fuerza de mi capricho, cuando Andrés decía que bueno no me paraba a investigar más, daba por hecho que su mayor placer era el de darme gusto, ahora es cuando me despierta una curiosidad de pesquisa policíaca que me muero, ¿qué cara ponía?, ¿qué palabras dijo exactamente? y se me borra, pero propiamente indiferencia nunca le noté tampoco en esas decisiones, creo más bien, a la luz de interpretaciones posteriores, que aceptaba en la seguridad, que la he tenido siempre, de que cualquier lugar él puede hacerlo suyo al poco tiempo. De hecho nos íbamos de los sitios cuando él empezaba a encontrarse a gusto, de eso sí me acuerdo bien, de la mirada extrañada con que solía preguntar: "¿Pero cómo, que nos vamos ya?", como si no lo comprendiera, "¿y por qué nos vamos?". "Porque no nos vamos a quedar siempre, porque ya lo hemos visto", yo quemaba los lugares mucho antes que él, y es curioso, parecía además que me había enterado mejor porque contaba más cosas. La situación de aquel día en el comedor de tu casa era muy frecuente: a él le gustaba oírme hablar de nuestros viajes como si no los hubiera hecho conmigo, ¿cómo no me extrañaría?, se fundía con los demás oyentes, y si yo intercalaba un "¿te acuerdas?" a mí misma me sonaba raro, me acostumbré a viajar para contárselo, a él sobre todo, era uno de los mayores alicientes, entonces me bastaba, pero ahora echo de menos las versiones suyas que eran mucho más sobrias y yo apenas las atendía; es como haber conservado solamente las propias cartas de una correspondencia larga con otro.

Y ya te digo, si te hubiéramos llevado con nosotros en algunos de esos viajes, no sé qué tipo de relación habrías tenido con él, conmigo desde luego buena, pero superficial. Por miedo a comprometerme con nada ni con nadie, que era ya una obsesión la que tenía por esos años de no quererme parecer a mi madre, pobre mujer, como si en ella la tendencia a la dulzura y a la sumisión no hubiera sido también una reacción contra la tiranía con que su propia madre trató al abuelo Ramón toda la vida, todas las exageraciones son malas y por no querernos parecer a los padres damos el salto atrás y monstruos por la otra punta, qué más da, todo queda en la familia, luego dirán que la familia está superada, ya ya, eso se dice en los libros. Y yo a ti te quería, siempre te he querido, no sabes cuántas veces he pensado en ti, pero me parecía una debilidad enternecerme por tu suerte, y ese día de mi regreso de sobra capté el fluido que había entre tus miradas y las mías allí en el comedor, ya lo creo, me di cuenta casi tanto como esta noche de lo mal que tenías que haberlo pasado sin tu madre y tuve mala conciencia, por eso evitaba mirarte. Porque reconocía mi incapacidad, sabía que de madre no te habría podido servir, me daba miedo penetrar tu tristeza por eso que te digo, porque echaba el cierre a todo lo incómodo; me habría podido ocupar de ti en el plano material, tratarte a cuerpo de rey, hacerte regalos, pero eso tampoco es lo que te faltaba sustancialmente con Colette, te faltaba la palabra, las historias que habrías querido oír, ese tiempo reposado para hablar, para echar raíces en otro, y eso yo no te lo hubiera dado entonces tampoco, historias de las que aturden y divierten son las que te habría contado, de las que te hacen perder el hilo de la propia identidad y nunca recobrarlo, no quería recobrar nada. Y tú, bien lo noté, me pedías cuentas. Sí, Germán, la ausencia hay que dejarla doler lo que ella pida y transformarla en bien, ahora lo sé, no se trata de sustituirla atolondradamente por otras presencias sino de vivirla y dejar que destile conocimiento y bien, a palo seco, lo que tú hiciste, rechazar los sucedáneos. No es que yo a tu madre, por ejemplo, la hubiera sustituido por nadie, eso que has dicho tú de que sustituí a una cuñada por otra no es cierto, me costaba trabajo olvidarla, aceptar a Colette sentada en su sitio, y si evitaba tu mirada era también por lo mucho que me ha recordado siempre la de ella, el pelo y los ojos los tienes idénticos, pero pensaba que los muertos y los ausentes no existen, que no tienen sentido. Olvidarlos y prescindir de cualquier afecto perturbador, no dejarme encadenar por conflictos ajenos, largarme, no cogerle cariño a nada, partir de cero a cada instante, no rechazar ningún placer, tal era mi retórica de entonces.

La palabra retórica, por cierto, me recuerda siempre una discusión que tuve con Andrés precisamente la víspera de salir para la India, se me quedó grabada, casi no se le puede llamar ni discusión, pero aquella noche algo se quebró, una luz diferente vi en sus ojos cuando pronunció la palabra "retórica"; luego, si me pongo a revisar toda la cadena de tambaleos que vinieron a desembocar en la separación del año pasado, tengo que reconocer que allí está la primera fisura, en aquella luz fría y rara de sus ojos al tiempo de aplicarme ese adjetivo: "has estado muy retórica" que fue lo que me dijo, lo detecté inmediatamente: "ojo, esto es nuevo", y fue como si se me helara el corazón ante aquel extraño aviso; nunca me había gustado la palabra retórica tampoco como sustantivo, la asociaba desde que la leí por primera vez, que seguramente sería también, cómo no, en uno de esos libros, con ministros del siglo diecinueve soltando discursos en el Congreso de levita negra, pero ahora le tengo un particular rencor vinculado con una sensación de peligro y desconfianza, de perder pie frente a un juicio que te planta cara con acritud. Estábamos en nuestra buhardilla parisina que dejábamos definitivamente, desvelados, con pereza de acostarnos, los dos somos desordenados y había mucho barullo, parte del equipaje recogido y copas sucias por el suelo porque acababan de irse unos amigos que habían estado despidiéndose de nosotros, gente a la que sentíamos dejar, hoy pienso que sobre todo Andrés, aunque mientras yo había estado hablando sin parar y mostrándome muy expansiva con todos, él, sentado en un rincón, había mantenido una actitud ajena y taciturna; se lo dije, le pregunté que por qué no había despegado apenas los labios, esperé su respuesta con toda tranquilidad, mirándole, él me miraba también, estábamos sentados en el suelo, se encogió de hombros: "Tú en cambio has estado muy retórica", dijo. Al disparo de su frase repasé atolondradamente mi conversación que desde luego sí había tenido algo de discurso; había sido como un canto al desarraigo, Andrés perdía un puesto de profesor en la Sorbona por hacer aquel viaje, no queríamos compromisos ni proyectos ni porvenir estable, no queríamos hijos, por supuesto, ensalcé la significación de rechazo a las estructuras que tenía la India para nosotros, ahora se ha puesto de moda ir a la India, ya ves, pero entonces resultaba original, siempre nos había atraído emprender un viaje así, y era quemar todos los cartuchos, partir a la aventura; pero de pronto noté que mi plural había sido forzado, Andrés no se montaba conmigo en aquella rueda de palabras, se quedaba fuera. "¿Es que ahora te has desanimado del viaje?", le pregunté con desconcierto y aprensión, pisando un terreno incómodo. Y como no me contestó en seguida, sufrí un ataque de amor propio y pasé a un tono de reto que a la abuela le habría encantado: "¿Para qué vienes, di?, nadie te obliga, somos libres, eres libre de quedarte, ¿qué es un billete de avión?, se rompe, podemos hacer cada cual lo que quiera, ése ha sido nuestro pacto, ¿no?, lo hemos dicho mil veces". "Lo has dicho tú sobre todo — corrigió él —; forma parte de tu retórica. Pero además, no saques las cosas de quicio, yo no he dicho que me quiera quedar, todo lo dices tú." La segunda alusión a mi retórica fue una carga que me pilló desprevenida; bajé los ojos incapaz de reaccionar, ya sólo podía desear que siguiera hablando. "En el fondo, vamos a la India porque nos apetece, como es natural — dijo él —, porque yo ahora he heredado dinero de mi padre, nos da la gana de fundírnoslo en ese viaje y en paz, a quién no le gustaría, pero es que oyéndote a ti, en vez de un privilegio, parece un mérito nuestro, una misión ejemplar, y tampoco es eso, Eulalia; despreciamos el dinero porque no nos falta." Ya no me acuerdo de cómo me defendí, creo que mal y sin convicción, me había puesto triste. Andrés habla sin pasión ni censura, en un tono que impide la réplica desordenada, hay que tener mucha moral para ponerse a su nivel lógico y yo de repente la había perdido, me vino a decir que necesitaba demasiado justificarme y vestir mis actos de excepcionalidad, hacerme admirar; seguimos bebiendo, totalmente espabilados ya, recuerdo que vimos amanecer y que al final la discusión se había disipado completamente y nos queríamos mucho poseídos de esa exaltación que se prueba al punto de abandonar para siempre una habitación querida en la cual se han pasado momentos felices, y al compás de esa exaltación Andrés me parecía guapo, comprensivo y alma gemela, largarse con él de los sitios a la busca de otros siempre sería una cosa alegre; pero luego, por la mañana, mientras cerraba las maletas, me sentí repentinamente muy cansada, sin ilusión por ir a la India ni a ningún sitio, y el malestar inyectado por la palabra "retórica" borró las recientes sensaciones placenteras de aquella reconciliación y me hizo desconfiar de ella como cosa del cuerpo que había sido, en eso no estoy de acuerdo con la abuela, yo el cuerpo y el alma nunca los he podido separar. Y más tarde, en el avión, mirando el perfil de Andrés que dormía a mi lado, me era muy difícil vencer un deseo irracional de despertarle para que reanudásemos la discusión pendiente, pero me di cuenta de que no tenía argumentos ni quería, en realidad, decirle nada, que lo único que necesitaba era que en cuanto abriese los ojos y me viera a su lado me mirase con incondicional admiración, no me bastaba con sentir que juzgaba con cariño alguna parcial manifestación de mi ser en ese momento, no, se trataba de un requerimiento global: lo que necesitaba vorazmente era notar en sus ojos que me iba a admirar siempre, dijera lo que dijera y me comportara como me comportara y que jamás podría comparar a nadie conmigo, me extrañé yo misma de puro claro que lo vi, era horrible, eso significaba renegar de mi capacidad de evolución y de pensamiento, pasar a la calidad de las piedras preciosas, el brillo de una joya no se discute, ni se altera, claro, pero es inerte, por ese camino si un día Andrés me llamaba "turquesita mía" me tendría que callar, además yo a los hombres que me miraban con incondicional admiración acababa tomándoles una manía espantosa; las nubes se estrellaban deshilachándose contra los flancos del avión al tiempo que yo pensaba obstinadamente estas cosas en medio del malestar que se derivaba de no haber dormido, de no poder dormir y de comprobar que Andrés, sujeto principal de mi discurso solitario, dormía como un bendito a pesar de los baches bruscos y un poco alarmantes que el avión tenía a trechos; a mí cuando me coge una idea fija soy de temer, no sé las horas que debí pasar allí sola dándole vueltas a eso de la admiración amorosa, me agarraba a un recuerdo al que suelo acudir en trances parecidos para desprestigiar un sentimiento con el que no estoy conforme, echar mano de fragmentos literarios inaceptables de puro empalagosos, qué horrible, por ejemplo, escuchar a un enamorado que te dijera:

> ... pero mudo y absorto y de rodillas,
> como se adora a Dios ante su altar,
> como yo te he querido, desengáñate,
> así no te querrán!,

y sin embargo Andrés incluso una parrafada tan romántica como ésa, si la decía, sería porque viniera bien traído, por ejemplo en el caso de que algún día yo le dejase y luego nos volviéramos a encontrar inesperadamente; y ya pasé a novelerías sobre ese presunto reencuentro, imaginando escenarios, actitudes y circunstancias que lo embellecían, hasta que ya me aburrí de llevar tanto rato pen-

211

sando tontadas a solas para aplacar los nervios y desperté a Andrés con la intención de pedirle que me ayudara a salir de aquellos inconcretos atolladeros, a ver si entre los dos entendíamos los motivos de mi angustia a base de una dialéctica un poco más rigurosa, que eso con él siempre salía bien, pero estaba demasiado soñoliendo, así que le dije que le había despertado porque tenía miedo. Se quedó muy sorprendido: "¿Miedo de qué?, ¿qué hora es?"; desde pequeña me ha asaltado la tentación de despertar a la gente que quiero, tu madre me decía: "tú como tengas niños no los vas a dejar vivir", no lo puedo remediar: esa expresión ausente y extraviada de los ojos que aún no han entendido los límites entre aquello que ven y lo que en el sueño veían es algo que adoro de una forma maligna; Andrés ese día me miraba así y le quería horriblemente, necesitaba su atención al ciento por ciento, pero me era muy difícil meterle de buenas a primeras en mi laberinto de soliloquios, y por otra parte al mirarle se me diluía casi completamente el malestar y ya estaba a gusto, le dije que me había entrado terror de imaginar que se pudiera caer el avión y dar al traste con nuestra felicidad, que había comprendido, tal vez por estar en el aire, lo inestables y frágiles que son todas las cosas, yo misma me oía perorar y me extrañaba de la poca relación que tenían aquellos argumentos con lo que había en realidad pensado, pero el tono de mi voz era desvalido y convincente, a veces pasa eso de que inventas cosas sobre la marcha y te las crees, Andrés me hizo una caricia distraída en el pelo: "A ti siempre te ha gustado estar un poco en las nubes, ¿no?, es tu elemento, mujer, no te dé miedo", cerró los ojos y se volvió a dormir; me pareció muy joven, un niño, yo le llevo cinco años pero sólo esporádicamente me acordaba entonces de eso y cuando lo consideraba no me hacía mella como ahora, pensé vagamente: "Le tendría que proteger, debe ser muy agradable proteger a alguien", y volví a mis ensueños confusos; al otro lado del pasillo iba una pareja, ella rubia, con pinta de crío y muy embarazada, él parecía mayor y no dejaba de atenderla y de hacerle caso, siempre me acordaré de esa imagen, los estuve mirando mucho rato sin apearme de aquella desazón que volvía a molestarme y de pronto se me hicieron evidentes dos cosas: una, que Andrés, como había predicho la abuela, era más independiente de mí que yo lo sería nunca de él, y otra, que no estaba tan segura de no querer tener un hijo suyo.

Y como me meta a contarte mis altibajos en el dilema éste de tener hijos o dejarlos de tener, te digo de verdad que no acabamos nunca; si empiezas a darle vueltas a eso, te metes en el castillo de irás y no volverás, y encima con lo obsesiva que soy yo, no te digo nada. Porque tener un hijo es un problema, qué duda cabe, pero cuanto más se considera más se convierte en un círculo vicioso, venga a manosear datos de segunda mano y siempre los mismos, las madres de carne y hueso por lo menos podrán opinar y variar sus puntos de vista de acuerdo con algo que está ahí, que lo tocan y cambia delante de sus ojos, ya sé que no opinan nada del otro mundo porque funcionan a base de inercia, pero si quieren pueden poner en marcha la neurona y llegar a conclusiones más reales que las mías, a mí tener un niño chico en brazos siempre me ha espantado, hablo como conferenciante de secano; pero además lo peor no es empantanarse en un punto muerto, lo peor es que vaya pasando el tiempo, ahí está lo grave, porque los inconvenientes de ser madre para

213

una mujer que no se ha casado muy joven se van haciendo cada año mayores, eso ya se sabe; yo ahora ya no me planteo semejante proyecto, después de cumplidos los cuarenta hay mucho más riesgo de abortos y hasta de parir un hijo mongólico, cualquiera se aventura, encima de tener un niño que te salga mongólico, qué horror, a mí me pasa y me muero, pero por otra parte, a medida que se va el tiempo piensas si no habrás perdido irremisiblemente algo fundamental. A mí cuando conocí a Andrés las madres lo que me daban era sobre todo pena y un poco de grima y había elaborado una serie de teorías para justificar esa sensación, tenía razón tu madre, las teorías tan articuladas luego te resultan duras de desmontar, no te atreves a decirle a nadie: "Ayúdame a salir de este laberinto de teorías, oye, que no respiro", y a Andrés era al último que me atrevía a pedirle auxilio, sobre todo porque, como en tantas otras cosas, no sé bien cuáles eran sus deseos ni siquiera si los tenía, siempre igual: que lo que yo quisiera, pero me habría hecho falta que él me ayudara a decidir, tampoco se pronunciaba abiertamente en contra de la paternidad, lo único que dijo en varias ocasiones es que a él las madres no le daban pena ni se la dejaban de dar, que dependía de las ganas con que se metieran a serlo. Yo ahí era donde me exaltaba y me salía una retórica castelariana: las ganas de ser madre me parecían un argumento inaceptable, no se pensaba nunca en el hijo como futura persona independiente sino en la vinculación, en la realización personal, en si podía significar un remedio a conflictos conyugales y cosas así, pero el niño nada, un pretexto, lo cual es verdad y por desgracia luego lo he padecido yo en mi propia carne porque este invierno es cuando he pensado más veces en que se-

guramente un hijo habría solucionado nuestro matrimonio; para ponerse a engendrar un hijo habría que tener
una disposición absolutamente generosa, no pensar que
ese niño va a resolverte nada ni a compensarte de nada,
lo que importa es él, pero esto resulta casi imposible, ya
es difícil querer el bien de un amigo así a palo seco,
cuanto más el de un ser que todavía no existe y que verle o no verle la cara depende nada más que de ti. Éste
era mi argumento más brillante, lo encontraba irrebatible,
y Andrés me decía: "Que sí, que sí, mujer, si estamos de
acuerdo, pero lo que me parece absurdo es que vuelvas
tantas veces sobre lo mismo, ya hemos decidido no tener
hijos, ¿no?, pues entonces qué más da, no te calientes la
cabeza". Pero sí, me la calentaba, renacía el fuego una y
otra vez debajo de las cenizas de mi retórica, las cosas
que te afanas por explicar a otro con tanta seguridad,
malo, son las que te atormentan de modo más oscuro.
Y ya cuando volvimos de nuestras correrías por el mundo, aquel empeño mío por seguir siendo joven contra
viento y marea y de no poner casa y de matricularme en
periodismo y de tener amigos jovencitos eran como aspavientos compulsivos para disimular dudas y grietas en las
paredes de un baluarte que empezaba a dejarme de servir,
y no era tan segura ni mucho menos como aparentaba,
recuerdo que pensé al mirarte: "Yo hubiera podido tener
un hijo de su edad si hubiera sido tan valiente como Lucía", y siempre has sido una especie de piedra de toque
para mí, me has despertado envidia, mala conciencia,
amor, muchas cosas mezcladas, por eso te he evitado; la
noche de fin de año estaba yo fatal y no resistí verte, me
ponías al rojo vivo todas mis contradicciones, tuve miedo
de ponerme a hablar contigo como lo estamos haciendo

esta noche, a raudales, ¡allá va!, cuánto cuesta quitarse la careta, salir del escondite sempiterno por resquebrajado que esté, sin comprender que el otro a quien tienes miedo no es tonto, también tiene sus ojos y te ve esconderte, mirarle por entre los dedos.

Pero además, Germán, ya ves, qué error tan grande tenerte miedo a ti, no atreverme a decirte que me siento vacía, un eslabón perdido, con lo que consuela decírtelo, consuela tanto que deja de ser verdad. Ahora, mientras te lo estoy diciendo, se fija ese eslabón, se engancha a ti por la palabra, me quitas el miedo a estar girando sola en el vacío, me haces olvidarme de que mañana tendré que tomar decisiones, de que se hará de día sobre mi vida sin proyectos y sobre esta casa en ruinas; mientras hablamos, no está en ruinas, ¿verdad que no?, vive, nos acompaña, gracias a ti se convierte esta noche en tiempo rescatado de la muerte. Gracias a tu viaje, a que has venido; gracias, Germán, qué bien se está contigo, ¿ves?, ya no me tapo la cara con las manos como aquella noche, estaba loca, con lo que gusta mirarte, tienes los ojos igual que tu madre, la cosa más de verdad que he visto en la vida, mientras me miren no hay tiempo ni amenazas, ¡cómo acogen!, sólo existen tus ojos.

G. Cinco

—Y los tuyos, Eulalia, de verdad, qué guapa estás ahora, si te pudieras ver. Ojalá te durara eternamente esa expresión que tienes, la que te atribuía yo en la infancia cuando te imaginaba por las noches arrodillada al borde de mi cama; pero es una bobada decir "eternamente", la luz que dura siempre no puede ser así como esa de tus ojos, eterno será el brillo de las piedras preciosas, antes lo has dicho tú, inerte, siempre igual, un brillo que no sabe de amenazas de muerte ni de oscilar, qué sosería, quieto por más cierzo que le sople; no, guapa, no creo que a ti se haya atrevido nadie a llamarte "turquesita mía", eso es un piropo como para Colette, lo tuyo no va por ahí, te lo digo yo que también tengo mi retórica, lo tuyo va por el ramo de la hoguera, y las hogueras se pueden apagar si dejas de echarles alimento, ahí está, que dan luz a costa de lo que queman, pero qué maravilla.

A mí me encantan las hogueras; el verano pasado le dije a Ester: "¿Quieres que la noche de San Juan busquemos algún barrio donde todavía hagan hogueras, que tiene que quedar alguno, y quememos allí tus cartas y las mías en plan de conjuro, para que nos dé suerte?", era una temporada que nos llevábamos muy bien y dijo que cómo se me había podido ocurrir una celebración tan bonita, porque es que además ella cumple años esa noche, nació a medianoche, yo muchas veces le digo que se le nota que está presidida por las hogueras de San Juan, porque es muy excesiva y apasionada en todo, en algunas cosas Ester se puede parecer un poco a ti, fíjate, aunque ella des-

217

de luego es mucho más neurótica; total que habíamos hecho un paquete cada uno con nuestras cartas y nos habíamos estado enseñando algunas, que por cierto es una sensación muy rara volver a leer cosas tuyas que escribiste en un trance determinado, revives ruidos, colores, si te dolía o no la cabeza, y precisamente por el morbo que tiene la cosa le había dicho: "nada, nada, fuera, no sigo leyendo, ahora nos queremos, pues qué más da", y ya después de cenar con la madre de Ester teníamos muy buen humor y mucho cuerpo de fiesta, no sé la de vueltas que dio el taxi por descampados y barrios oscuros hasta dar por fin con el sitio de las hogueras, nos habían dicho que pasado el barrio de la Concepción solían hacerlas todavía, pero mucho más allá, y el taxista que nos llevaba tenía una vaga idea pero no estaba nada seguro, venga a preguntar, era simpatiquísimo, decía: "Éstas son las carreras que a mí me divierten y no lo de siempre, la Gran Vía y el Eurobuilding", ya se tomó la pesquisa como cosa propia, decía, cada vez que se volvía a despistar: "Yo soy muy cabezota, ustedes tranquilos que sin hogueras no se quedan; como me llamo Rogelio", así que cuando vimos los primeros fuegos en lo alto de un desmonte nos entró mucho entusiasmo y le dijimos que se bajara a tomar un vino con nosotros; tuvimos que subir un repecho a pie y en seguida se notaba el ambiente de fiesta que crían los fuegos diseminados y el runrún de la gente que los merodea, nos metimos en un bar, es una barriada barata de gente obrera, un poco transición entre lo rural y la sociedad de consumo, calles sin hacer del todo con abertura al descampado y luego más lejos otras casas, hablaban casi todos con acento andaluz, había chicos de pelo largo y música de tocadiscos saliendo de las casas, y dijo

Rogelio que ya la sociedad industrial va arrinconando estas fiestas que desaparecen hasta en los pueblos, que le daba mucha alegría encontrarse todavía a una pareja con dos dedos de frente que en vez de meterse en una boite de infierno prefiriera correrse medio Madrid para cazar los coletazos de estas tradiciones mandadas retirar y más siendo jóvenes, con lo bonito que es buscar una cosa y empeñarse hasta que la encuentras y vencer los obstáculos, y no eso de que todo venga prefabricado, hasta las diversiones, que hoy en día los jóvenes ya han nacido cansados y sin ilusión; y ahí ya se empezó a enrollar y Ester para cortarle le dijo: "Es que mi novio es muy romántico", y es la única vez en su vida que me ha llamado novio, comprendería que era el nombre apropiado para esa situación, una denominación excepcional, también el coletazo de unas relaciones que, ya ves, cuando mamá y tú bailabais boleros tendrían sentido, ahora son de otra manera, pero me gustó, me hizo gracia oírlo, pensé que era una palabra para tirar también a las hogueras. Y estuvimos hablando del simbolismo de tirar cosas a las hogueras, de las fallas de Valencia; claro que yo a las fallas les veo también un sentido de despilfarro ostentatorio, pueden tener que ver con el potlach de los antiguos árabes, y Rogelio estaba interesadísimo, le conté que consistía en que dos grandes jeques árabes se desafiaban para ver cuál era más grande que el otro y uno mataba su caballo, otro sus camellos, otro quemaba sus cosechas, otro destruía sus tiendas, y así seguía el pique, demostrando el poder a base de la destrucción, y Rogelio decía: "¡Qué barbaridad!", y que de cuantas cosas bonitas se llegaba uno a enterar estudiando; le daba pena despedirse pero tenía que seguir su trabajo porque el taxi no era suyo en propiedad y se estuvo metiendo bastante con su patrón que estaría en pijama al balcón el muy cerdo bebiendo agua de un botijo, hasta que por fin se marchó ya algo chispa. Ester y yo echamos a andar abrazados; cuando languidecen las hogueras la gente las aviva a base de trastos viejos que van sacando de sus propias casas y también con maderas y desperdicios que traen los niños de los vertederos, kilómetros andaríamos Ester y yo esa noche siempre guiados por el resplandor de las hogueras dispersas, parándonos en todas, hablando con la gente que estaba alrededor; en algunas había mucho barullo de baile y palmas y los niños saltaban por encima de las llamas, en una Ester estuvo bailando con un gitano que me pidió permiso a mí para sacarla, en otras nos ofrecían de beber, una noche emocionante; y ya, por los antepechos de la Ciudad Lineal debía ser, vimos una casita aislada, una maravilla, oye, como de nacimiento, con su parra y su arbolito, y junto al fuego medio apagado que tenía delante nos sentamos en un banco de piedra que había, eran las cuatro, estábamos cansadísimos y era la primera hoguera solitaria que nos habíamos encontrado. Y en esto salió de la casa una mujer de unos cincuenta y tantos años con un perrucho detrás; traía agarrada por el respaldo una silla completamente nueva, nos dijo: "Buenas noches" y la echó a la hoguera, mejor dicho la plantó clavándole bien las patas en la brasa que en seguida se empezó a animar, y ella se quedó allí quieta mirando. De repente se levanta Ester y me dice: "Aquí, ¿no te parece?", yo me levanté también: "Claro, mujer — le digo —, ¿dónde mejor?", y nos mirábamos con un entendimiento total, sacó ella su paquete de cartas y yo el mío y los tiramos al fuego. Abultaban bastante porque nos habíamos

escrito mucho, sobre todo en la primera época de conocernos cuando ella se fue a Tánger con su madre que estaba allí en un sanatorio psiquiátrico, qué época tan in-
fernal, no tenía más que conflictos consigo misma, con la
madre, con el amante de la madre, me cogía manías furi-
bundas a mí, me traicionaba, me pedía perdón, me casti-
gaba con silencios incomprensibles, hasta se intentó sui-
cidar, y en las cartas me lo contaba todo revuelto, eso
sí, lo malo nada más, dice que la alegría es más difícil de
expresar y que ella cuando está alegre lo que quiere es
salir a la calle y ver gente y no montarse la cabeza con
explicoteos, pero yo, claro, si la última carta venía de humor negro me quedaba en ascuas hasta que volvía a ver
su letra; qué cantidad de impaciencia y de petición de socorro, cuántos sellos de urgencia, cuánta ira y amor y deseo se quemaban en aquellos papeles; no ardieron en seguida, habían caído encima del asiento de la silla y se
quedaron un rato allí a buen recaudo, como en una islita
porque las llamas todavía no subían muy altas. "Estábamos a tiempo de salvar alguna, como hacen con las fallas
de Valencia — dijo Ester —; se salva la mejor, yo coge-
ría la de los tequieros atrasados, ¿la cojo?, está encima
de todas"; era una en que yo le había dicho que los te
quieros de las cartas atrasadas se mustian como las flores,
que si los lees dos días después de recibidos ya no te valen, necesitas los que llegan recientes, aunque estén escri-
tos con la misma letra y hasta en una frase igual. "No, no
la cojas — le dije — porque es verdad que dejan de servir, se han mustiado, sólo el fuego los salvará, deja que
se quemen todos los tequieros viejos y también los teo-
dios", y la besé. La mujer, al otro lado de la hoguera, miraba absorta los dos montoncitos, como esperando un

acontecimiento solemne; cuando por fin las llamas los alcanzaron, nos miró a nosotros y dijo: "Hacen bien, lo que dura para siempre no necesita de papeles"; yo la sonreí por encima del fuego, pero ella estaba muy seria, una cara impresionante: "Además — sentenció — nada dura para siempre", volvió a dar las buenas noches y se metió para adentro con el perrucho. Este verano he ido yo solo de paseo por aquellos alejados barrios pero no he encontrado la casa; en un año esa parte ha cambiado muchísimo.

Y ya me voy por las ramas tanto como tú, Eulalia, por los cerros de Úbeda, hay ya una geografía de cerros de Úbeda en el relato éste, un terreno común que exploramos al hablar, pero qué acompasados vamos avanzando, ¿te das cuenta?, y es que me has propagado el fuego. Porque todo esto venía a cuento de las hogueras, de cómo eres tú, de cómo hablas, Eulalia, y de cómo te relucen los ojos al hablar. A mí toda esta noche desde que empezaste con la retahíla primera de la muerte a caballo, y ya no te digo cuando salió Adriana, me da la impresión de que se ha encendido una hoguera, pero completamente en serio, la veo, por eso me he acordado de las de San Juan, es que tú no te das cuenta de cómo hablas, papá dijo una vez que vuestro padre te quiso poner de nombre Eulalia porque en griego significa "bienhablar", digo yo que por ese lado se moriría tranquilo allá en Venezuela o donde se pegara el tiro; es más que hablar bien, es que lo encandilas a uno, te miro mientras hablas y te veo una cara increíble, de joven, de niña, de bruja, cambia a rachas, a la luz de las palabras que vas echando al fuego. Además es un fuego que lo propagas, te lo he dicho antes y es la pura verdad, porque yo en mi vida he hablado como esta noche ni he sido capaz de contar así las cosas, necesitaba tu hoguera para encender la mía.

Y la casa qué va a estar en ruinas, mujer, mientras siga mos hablando tú y yo, vamos anda: lo que pasa es que arde, pero el fuego es triunfo y solemnidad, no es ruina, en ruinas estará mañana. Antes de venir aquí, en algún momento me ha preocupado el porvenir de esta casa, por ejemplo esas veces que hablábamos Marga y yo de poner una comuna o de venirnos aquí a hacer reformas, pero en este momento son cosas que me dan risa, me parecen pura chaladura esos inventos a estas alturas del incendio, ¿pero qué comuna ni qué reformas?, son ganas de negar- se a ver las cosas como son: esta casa la construyeron los marqueses de Allariz y luego la compró y la reformó el abuelo Ramón y la vivisteis vosotros de niños y la ha conservado a trancas y barrancas Juana a lo largo de to- dos estos años solamente para que ardiera hoy en plan de falla de Valencia, ¿es que no lo ves?, le hemos prendido fuego, Eulalia, sí, ya no tiene remedio, mañana no que- darán ni rastros, pero ¿y qué?, no te preocupes de maña- na, piensa en la fiesta de hoy, le estamos rindiendo hono- res póstumos a la casa, es su apoteosis, ¿por qué iba a tener más sentido esta habitación cuando leías novelas ti- rada ahí por el suelo o cuando alguien tocara en ese piano un nocturno de Chopin que hoy como escenario de car- tón piedra que hemos hecho resucitar nosotros para que- marlo y que ardan aquel tiempo y el de ahora?, ninguna fiesta se habrá vivido entre estas paredes como la de esta noche, de eso estáte segura, a palo seco, que ni un café siquiera hemos tomado, sin música, sin manjares, sin be- bida ni drogas, aguantando a base de palabras, a la luz de esa pantalla desteñida, ¿y para qué más?, ni siquiera cerillas nos han hecho falta para encender este disparate de hoguera, caliéntate en sus llamas, Eulalia, aquí conmigo porque es irrepetible, tú la has puesto así de alta, déjala crecer y que lo arrase todo, no tengas miedo ahora, yo no lo tengo ni quiero que se apague y si dejamos de echarle historias se apagará, no te duermas, aguanta madrugada.

Pero qué barbaridad, antes lo decías tú, no sé en qué vericueto de tus cerros de Úbeda lo dijiste, que hablando se le calienta a uno la boca, es verdad, no te interrumpí porque prefiero seguirte de un tirón hasta que descansas, pero entonces se me ocurrió esto de las hogueras, no hay lumbre parecida a la de las palabras que calientan la boca, no, es la mejor borrachera. Te lo digo porque ahora mismo me tienes chispa perdido, oye, alumbrado, fugado, con un pire que no toco el suelo; de verdad, nunca había hablado con nadie como contigo hoy.

Y cuidado que anoche me parecían parlamentos de Shakespeare los que tuve con Pablo allí en la playa, pero qué va, ni color con lo de esta noche. Y es que ahora a la gente de mi edad nos da pudor hablar bien, te cohíben los demás porque es moda explicarse entrecortado y confuso, lo otro se ve antiguo; Pablo lo comenta conmigo a veces, al fin y al cabo somos de esta generación, hemos aprendido a hablar en ella y se nos pegan las inercias de los demás, porque en el fondo es cosa de pereza, resulta más fácil manejar cuatro comodines que valen para todo de puro generales que buscar en el desván de las palabras viejas a ver si alguna cuadraría mejor para aquel caso; pero por lo menos Pablo cae en la cuenta y le da rabia como a mí, lo malo es que a mucha gente le encanta, presumen de hablar de cualquier manera, con monosílabos, con mugidos, ¡qué más da!, llegan a decir que las palabras no sirven para nada, que se entiende uno mejor con los demás por medio de la música o del sexo, montan toda una teoría acerca de la necesidad de destruir el lenguaje. Pero como yo le dije este invierno a uno de esos teóricos que llevaba un rato largo en una casa donde estábamos, negándole a la palabra el pan y la sal como vehículo de comunicación, al principio me había molestado en rebatírselo, pero luego ya, cuando vi que se enardecía y estaba echando un verdadero discurso, le dejé enrollarse con santa paciencia y al final le digo: "Pero bueno, Eduardo, todo eso lo dices para tratar de convencer a esta gente, ¿no?", me mira con sorpresa, dice: "Hombre, claro, y a ti; convenzo a cualquiera", y es verdad que se explica bastante bien aunque un poco en plan nervioso y las chicas le miran como a un leader, le digo: "¿Y cómo nos estás tratando de convencer más que con palabras?, no se te ocurre poner un disco de jazz ni hacer striptease, ¿a que no?", se lo dije un poco a mala leche, lo reconozco, porque a mí es un tío que me salen ronchas de lo mal que me cae, además liga con Ester, no te digo que eso no influya, y ya me lié a decir que nos estamos entonteciendo y que estoy harto de ir a las casas y de sentarme en círculo por el suelo oyendo música con los ojos en blanco y de que todo sea "como fabuloso", "como muy camp", "como a cuadros", harto de imprecisiones y de balbuceos, de manejar un uno por mil de las palabras del castellano y que las demás se vean como rareza de anticuario, y me dice al final: "Vale, vale, no nos sueltes el rollo, tampoco es eso". Pero sí es eso, Eulalia, justamente eso: que nadie se entiende con nadie porque no hablamos, porque no nos explicamos, ¿qué otra cosa va a ser?

Fíjate, si es que es en todo lo mismo, con la literatura pasa igual; ¿tú concibes mayor memez que el libro ése de *Love story* que ha hecho tanto furor?, yo no lo entiendo. Y a Ester, por ejemplo, le encanta, dice que está muy bien desmitificar el amor, que ya era hora, que no todo van a ser los parlamentos de Melibea. ¡Pues sí señor!, en literatura amorosa o los parlamentos de Melibea o nada, a mí que no me den gato por liebre; para tanto como eso no escriba usted una novela si los amantes que salen allí no tienen nada que decirse; ¿cómo te vas a creer una historia de amor sin palabras de amor?, porque lo grande es que el autor pretende que te la creas, pretende que te parezca verdad que aquellos dos chicos se enamoran nada más conocerse y que a ella le da leucemia y que deciden vivir intensamente esos meses que les quedan de estar juntos; pero, por favor, la leucemia precisa su retórica adecuada, no se te ocurre decir "pobre chica", no te crees una palabra de todo aquello porque a ellos mismos parece que les cae por fuera. Y Ester dice: "Si lo que quiere indicar precisamente es que le quitan importancia, que viven el presente, o sea que no hace falta dramatizar"; pero bueno, si ya sé lo que pretende, pero ¿cómo no va a haber que dramatizar cuando a la persona que más quieres en el mundo le da leucemia y los médicos la desahucian?, porque allí te quieren indicar eso, que se quieren mutuamente más que a nadie en el mundo pero que no necesitan decírselo, pues no sé, peor para ellos si no tienen nada que decirse. Cierras el libro y te han informado, sí, de que la muerte ha venido a interrumpir el amor de dos jóvenes que se llaman Fulano y Mengana y que viven en tal ciudad, puros datos, pero es un amor que ni te conmueve, ni te interesa, ni te lo crees, te quedas diciendo ¿y en qué se notaba que se querían esos dos?, porque no se notaba en nada; vamos, anda, eso qué va a ser literatura. Y Ester siempre acaba diciendo que lo que me pasa a mí es que soy muy antiguo.

Y sí, yo lo comprendo que debo ser antiguo, porque me gustan las historias contadas con esmero y son las únicas que me creo; a mí no me va la prisa ni el "da igual" ni el "tú ya me entiendes", no, yo sólo entiendo lo que me cuentan bien, me acostumbré desde niño con las historias de mamá, yo si una cosa me la explican mal no me entero, qué le voy a hacer. Por eso me entero de lo que dices tú y me lo creo, porque consigues ponérmelo delante de los ojos y que sea igual que estarlo viendo. ¿Cómo no me lo voy a creer si lo veo? Veo a mamá recién llegada de Palencia, a la abuela bebiendo licor café, al hombre del caballo, a Basilio y Gaspar huidos por el monte, a Andrés dormido en el avión, a Adriana con el pelo suelto esperando a su amante en el jardín, a Juana dibujando los dioses oceleiros; ahora ya a estas alturas de la noche es como si todos los personajes de tus retahílas, los de mentira y los de verdad, salieran a saludar después de la función, andan por aquí sueltos, los veo como anoche veías tú al rey Alfonso XII, a Castelar y a la mujer barbuda, y veo los sitios por donde se han movido, todos los decorados de los distintos actos, el monte Tangaraño, buhardillas y cafés, playas, habitaciones, coches, aulas, no hace falta que hayas ido diciendo "a la derecha había una mesa" o "la vegetación era de coníferas", tampoco en el teatro se describen los decorados, te los ponen delante mientras sirven, y basta. Y sí, ahora aún los veo, los estoy viendo antes de que ardan, míralos aún a salvo, como las cartas allí encima de la silla la noche de San Juan.

... Pero me enrollo mucho, Eulalia, guapa. Te estás durmiendo. No te duermas. ¿Te duermes? Pobrecita, me dices que no con los ojos cerrados, se te caen. Déjalo, no puedes con tu alma, igual que Pablo ayer, que ya de puro sueño ni conducir podía; deja de hacer esfuerzos. Es que es muy tarde, mira, está ya amaneciendo. Anda, duerme, yo me quedo aquí a tu lado. Pero no estás bien, échate algo encima por lo menos, mujer, entra un poco de frío. Verás. Sube los pies. Quítate las sandalias primero. Así. ¡Qué pies más bonitos tienes!

... Pero, Eulalia, ¿qué suena? Di. ¿No oyes? Un ruido en el jardín. Calla. ¿Verdad que sí? Quieta. No te muevas ahora.

E. Seis

—¡Ssss! Ni tú tampoco. Pero apaga la lámpara, por favor. Ahí, detrás de ti. Eso. Lo oigo, sí. Puede que pase
de largo si no ve luz. Quieto, ven, agacha la cabeza. Es el
caballo. ¡Qué cerca se oye ahora! Ha debido llegar debajo del balcón. Tiéndete así. Calladitos. Espera, está ahí
mismo. Sí. Se para. Ven aquí conmigo, Germán, tengo
miedo.

Epílogo

Juana se despertó bruscamente de un breve sueño y al punto percibió el tacto frío y rígido de la mano que tenía entre las suyas y que durante toda la noche, con muy pequeñas treguas, había vagado por la colcha en busca de ese refugio. Retrocedió sobresaltada en la butaca y la mano aquélla, abandonada de improviso a unas fuerzas de que ya carecía, resbaló inerte por el costado de la cama, se balanceó un poco y por fin se quedó colgando inmóvil a dos palmos del suelo; los dedos pálidos y la muñeca flaca emergían del puño primoroso de un antiguo camisón de boda.

Juana se puso en pie y a la luz de la lamparita de noche vio los ojos abiertos de la muerta; tal vez los había abierto para llamarla a ella, para pedir que le acercara por última vez el baúl.

Sobre la mesilla, el reloj marcaba las cinco menos diez. Era un despertador de plata labrada con patitas; la señora lo llevaba siempre consigo dondequiera que fuese y se jactaba de haberle dado cuerda a diario con sus propias manos desde la edad de veinte años en que su padre se lo regaló; la recargada filigrana de frutos y de flores que orlaba la esfera venía rematada en la parte superior por una figura de la muerte con manto y guadaña.

Juana cerró los párpados de la señora y besó su frente mientras musitaba: "Dios la ampare". Luego cogió una botella de aguardiente ya muy mediada que tenía en el suelo, se echó un trago largo y la escondió detrás de la mesilla. Eran las cinco en punto cuando, tras haber alisado un poco la colcha y recitado de rodillas un extraño responso veteado de frases en latín, se dirigió a la puerta. Allí al lado, sobre una silla, estaba el baúl, mostrando a ras de la tapadera abierta y apoyada contra la pared su confuso contenido de recortes, papeles y fotografías, en el desorden en que los dejara la última incursión ansiosa de aquella mano muerta.

Juana cerró la tapa del baúl, salió del cuarto hacia la izquierda y recorrió muy enhiesta el tramo de pasillo que conducía al salón. Andaba despacio, casi de puntillas, pero a pesar de ello a su paso crujían algunas tablas rotas del parquet. Llegó al arco de acceso al salón, retiró la cortina de terciopelo verde muy usada que tapaba aquel hueco y se quedó abarcando la estancia con los ojos durante unos instantes.

Era una pieza grande, de artesonado alto, con tres balcones al jardín. Dos de ellos tenían delante cortinas corridas. Por el del primer término, que estaba abierto de par en par, entraba un claror de madrugada fresca y bienoliente a perfilar ya un poco los bultos conocidos de los muebles que a esa luz, sin embargo, producían extrañeza: el piano en su funda, la consola, el armario de los libros con una puerta de cristales abierta, las sillas arrimadas en fila a la pared, la lámpara de pie, las butacas desparejadas y el enorme sofá viejo frente al hueco de la chimenea parecían nadar en aquel resplandor difuso como barcos perdidos entre la niebla y algunos de sus escorzos oscuros se reflejaban fantasmales en el espejo del fondo.

Juana al principio creyó que no había nadie. Avanzó sorteando los numerosos tomos de la *Ilustración* amontonados por el suelo y, a medida que se acercaba al sofá, el corazón le latía en situación de alerta. Sus ojos exploraron el hueco del balcón, las sillas, las butacas; todo estaba vacío. Tampoco del respaldo del sofá sobresalían aquellas cabezas que a ratos, a lo largo de la noche, había salido a espiar desde la cortina verde y que ahora buscaba en vano; pero al llegar casi junto a él y descubrir de repente allí los dos cuerpos horizontales que se amparaban uno contra otro camuflándose sobre la tapicería gastada, se detuvo en seco con la respiración en suspenso, ya total a dos pasos.

Y fue una emoción antigua la que vino a herirla, a traición, haciendo afluir inesperadamente la sangre a aquel rostro marchito, curado de rubores. Porque antigua también, de treinta años atrás, era la escena que sus ojos perplejos descubrían. Eran Germán y Eulalia abrazados, eran ellos mismos en persona; no se trataba de una evocación nacida del rencor, del alcohol o de la soledad ni de un sueño ni de una pesadilla, los tenía delante de los ojos. Eran Germán y Eulalia hablando de sus cosas con voces que ella no oía ni sabía ni entendía, excluyéndola de unos juegos y un lenguaje al que otras veces, en cambio, se divertían intentando incorporarla. Eran los dos hermanos cuando se acariciaban, cuando denotaban la misma sangre y los mismos padres y los mismos tiránicos humores y el mismo atractivo, cuando le cerraban en las narices una puerta invisible, infranqueable, un bloque de cristal a través de cuyo grosor podía, sin embargo, seguirlos viendo siempre.

Y sintió, con la oleada súbita de rubor, unos celos salvajes de la amiga que en tiempos le había prohibido ruborizarse, celos de su belleza inalterada, de aquel cuerpo flexible, de aquellos pies descalzos, de las sandalias primorosas que yacían tiradas por la alfombra, de su peinado, de su vestido; y sobre todo del resplandor que transfiguraba su rostro en aquellos momentos, de la expresión dulce con que miraba a su hermano, del gesto confiado y casi infantil con que se apoyaba contra su pecho, de las palabras que le estaba susurrando, de las que él le devolvía. Se habían pasado así la noche en pleno cuchicheo, mientras ella atendía a la señora. No se habían movido de allí ni se habían enterado de sus incursiones desde la alcoba a la cortina del pasillo, no les importaba nada de ella. Toda la noche en vela, de espaldas al mundo, aislados en su castillo inexpugnable de palabras, un hilo de palabras fluyendo de Eulalia a Germán, volviendo de Germán a Eulalia, retahílas pertenecientes a un texto ardiente e indescifrable.

Fueron unos instantes de parálisis. Reaccionó en seguida. Pensó: "Estoy loca, veo visiones, no puede ser". Se acordó de los años que llevaba aguantando sola entre aquellos muros, de su poder para conjurar escenas como ésta. Y esforzándose por recobrar las riendas del presente, procurando que ni el pulso ni las piernas ni la voz le temblaran, dio dos pasos aún y, apoyándose con la mano izquierda en el respaldo del sofá mientras con la derecha encendía sin más contemplaciones la lámpara apagada, murmuró con vez neutra pero firme:

—Tu abuela, Eulalia, acaba de morirse. Yo creo que debías entrar a darle un beso.

Y ella misma se quedó aterrada de la transformación que acababa de provocar. Porque la mujer que se desprendió de los brazos del muchacho y levantó hacia Juana un rostro súbitamente descompuesto y plagado de surcos que en seguida se cubrió a medias con el brazo mientras repetía sordamente: "ahora no, por favor, ahora no, vete ahora", mostraba a la luz cruda de la lámpara su verdadera edad: cuarenta y cinco años.

Empecé a tomar los primeros apuntes para esta novela en junio de 1965, en un cuadernito al que llamo, para mi gobierno, "cuaderno-dragón" por un dibujo que me había hecho en la primera hoja un amigo que entonces solía decorar mis cuadernos. Terminé su redacción definitiva la tarde del 31 de diciembre de 1973, en mi casa de Madrid.

Colección Destinolibro